forever
YANG

CAROLINE FRANKE   DANIEL SCHIEFERDECKER

forever YANG

EIN ROADTRIP DURCH DIE CHINESISCHE KÜCHE
VON PEKING BIS HONGKONG

Foodfotografie Meike Bergmann

INHALT

WIE ES ZU DIESEM BUCH KAM

Irgendwann im Frühling 2016. Wir hatten Hunger, aber keine Lust zu kochen. Also essen gehen. Bloß wo? Das Schöne an Berlin ist ja: Die Auswahl ist unendlich. Das Blöde an Berlin ist aber: Die Auswahl ist unendlich. Und mit Essensentscheidungen tun wir uns beide schwer.

Wir erinnerten uns, von einem veganen Szechuan-Chinesen in Schöneberg gelesen zu haben. Also rauf aufs Rad und hin – eine lebensverändernde Entscheidung. Denn es war der erste Schritt in Richtung dieses Buches.

Man muss dazu sagen: Wir gehen häufig essen, probieren gern neue Landesküchen aus und lieben Asiatisch – die chinesische Küche haben wir aber lang ignoriert. Unbewusst. Irgendwie haben wir sie mit sehr viel Tier assoziiert, kriegten das gängige Glutamat-Klischee nicht aus dem Kopf und empfanden die Restaurants im Vorbeigehen immer als ungemütlich (ein Beleg für ihre Authentizität übrigens, siehe Seite 78: »Besonderheiten der chinesischen Esskultur«).

Aber als wir dann in diesem Restaurant saßen, hatten wir das reinste Erweckungserlebnis! Sämtliche Vorurteile weggefegt. Mit einem Schlag! So viel Neues, Aufregendes, Leckeres hatten wir ewig nicht mehr gegessen. Vollkommen unbekannte Geschmacksnuancen und Texturen, Gerüche, die uns umhauten, und Gerichte, die uns nicht mehr aus dem Kopf gingen. Die Folge: Wir kamen wieder. Und zwar oft, sehr oft. Es gab tatsächlich Wochen, in denen wir drei- bis viermal dort waren. Nachdem wir uns einmal durch die komplette Karte gefuttert hatten, brauchten wir irgendwann gar nicht mehr bestellen, sondern hatten unsere Lieblingsgerichte schon auf dem Tisch stehen, noch bevor wir die Speisekarte hätten aufschlagen können.

Diese neue, aufregende Beziehung zur chinesischen Küche blieb keine rein kulinarische. Schnell freundeten wir uns mit Sam an, der dort kellnerte. Wir redeten viel. Er erzählte von sich, von China, von seiner Heimat Hongkong. Und von den Geheimnissen der chinesischen Küche. Irgendwann nach drei Reisschnaps dann die Idee:

»Lass uns all diese Rezepte aufschreiben und ein Buch daraus machen.« Als wir Sam davon erzählten, meinte er: »Ich habe eine bessere Idee: Lasst uns nach China fahren und ein Buch daraus machen.« Und was man schnell mal so daherredet und im Anschluss noch schneller wieder vergisst, haben wir tatsächlich in die Tat umgesetzt. Ohne Abwägen, ohne Hadern, ohne »Aber!«. Wir schrieben ein Konzept, suchten uns einen Verlag und flogen nach China. Zusammen mit Sam und seiner Freundin Xiao fuhren wir wochenlang mit dem Auto quer durchs Land. Wir haben die Gastfreundlichkeit von Einheimischen genossen, im Shaolin-Tempel mit den Mönchen gespeist und in abgelegenen Bergdörfern mit riesigen Holzhämmern auf Klebreis eingedroschen (das macht man so), um Brötchen herzustellen; haben in Peking Stinketofu gegessen (und haben ihn sofort wieder ausgespuckt), sind in Zhangjiajie fast erfroren und haben innerhalb Chinas dieselbe Anzahl an Kilometern zurückgelegt, wie die Strecke von Hongkong zurück nach Berlin misst.

Und jetzt: halten wir dieses Buch in den Händen, blättern ungläubig durch die kunterbunten Kapitel und können gar nicht so recht glauben, dass es tatsächlich fertig ist, dass ein Teil unseres Lebens in diesen Seiten steckt. Und dass wir trotz all der Mühe und Strapazen, die so ein Projekt mit sich bringt, stets den Mut, den Fleiß, die Disziplin und vor allem die Liebe aufgebracht haben, um die Reisschnapsidee von damals wirklich wahr werden zu lassen. Festgehalten in einem Bucheinband. Und zwar Forever. Yang.

DIE AUTOREN

Caro arbeitet als selbstständige Foodstylistin (www.carolinefranke.de), Kochbuchautorin und Rezeptentwicklerin, nachdem sie viele Jahre als Redakteurin für Tages- und Wochenzeitungen eines großen Verlagshauses schrieb.

Daniel ist freier Journalist und Texter für Medien wie die *Berliner Zeitung*, *Red Bulletin* und den *Tagesspiegel*. Er ist Chefredakteur von Europas größtem HipHop-Magazin *JUICE*.

Beide leben zusammen in Berlin.

KLEINER WEGWEISER

Das Wichtigste zuallererst: Dieses Buch ist nicht als starre Anleitung und Abfolge einzuhaltender Arbeitsschritte zu sehen. Es soll dich inspirieren, dir Lust aufs Kochen und Essen machen und deine Neugierde auf ungewohnte Geschmäcker wecken. Wo immer es dir beliebt, kannst du Zutaten, die du nicht magst oder nicht vorrätig hast, austauschen oder abändern – denn genau das macht Kochen aus: Kreativität, Leidenschaft und ganz viel Experimentierfreude. Und ja, auch Fehler machen gehört dazu. Würde immer alles glattlaufen, gäbe es viele berühmte Gerichte heute nicht – Kaiserschmarrn zum Beispiel.

Auch wir sind keine ausgebildeten Köche, sondern Köche aus Freude. Wir können uns nicht an die Zeit erinnern, in der wir nicht gern gekocht haben. Wir lieben den Anblick von bunten Gemüsesorten auf dem Markt und sammeln ein, was wir nicht kennen, um es in unserer Küche zu sezieren. Wir gehen oft und gern essen und testen so all die Geschmacks- und Küchenrichtungen aus, die wir auf unserem Weg finden. Kurz: Wir essen unglaublich gern. So gern, dass einer von uns beiden sich den Umgang mit Nahrungsmitteln zum Beruf gemacht hat.

ZUBEREITUNG UND ZUTATEN

Als wir für dieses Buch durch China gereist sind, haben sich viele Dogmen nicht bestätigt, die wir in deutschsprachigen Büchern über authentisch chinesische Küche gelesen haben. Vielleicht liegt es an diesem fast schon mythischen Zauber, mit dem die Traditionen der chinesischen Esskultur belegt sind, dass viele Quellen ein eher klischeehaftes und oft veraltetes Bild der dortigen Küche zeichnen.

FOREVER
HUNGRY

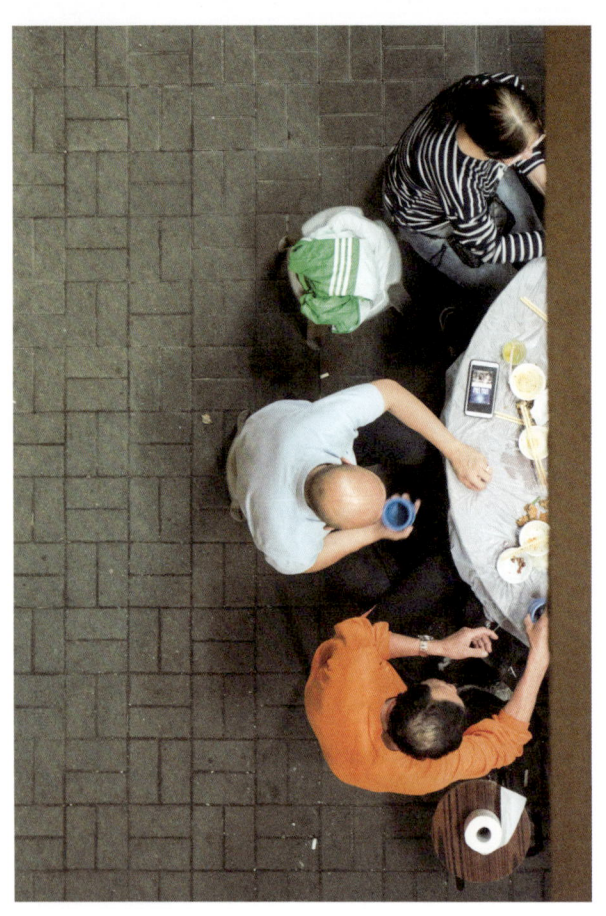

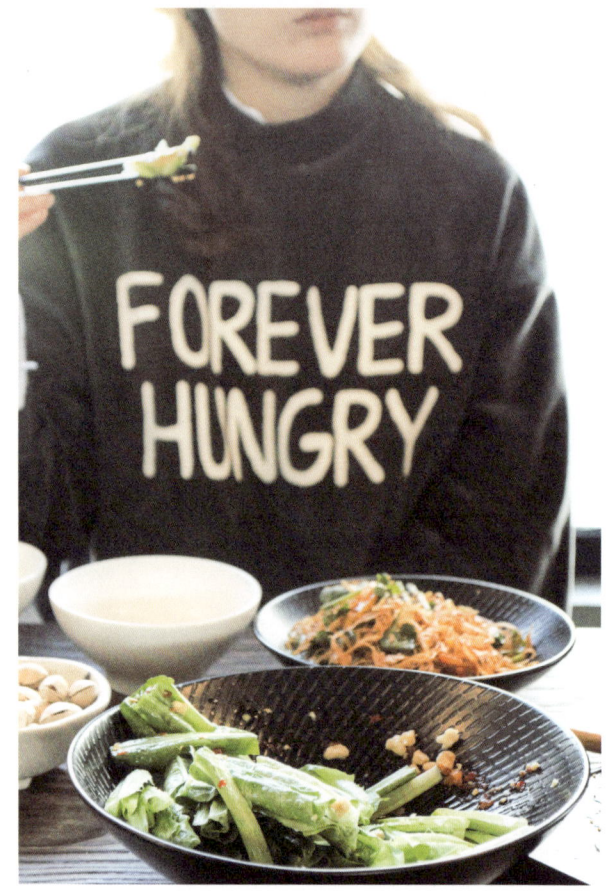

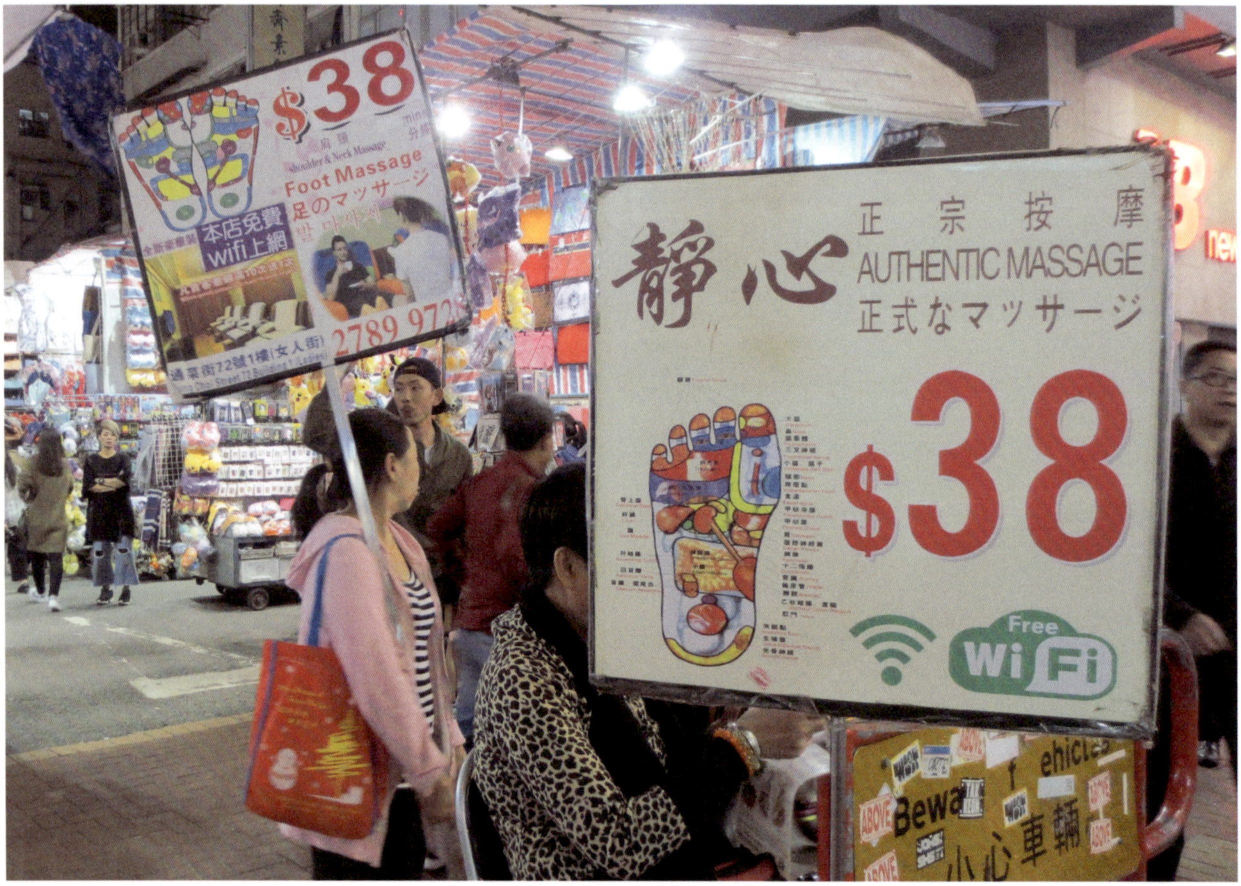
$38
Foot Massage
足のマッサージ
本店免費
wifi上網
靜心
正宗按摩
AUTHENTIC MASSAGE
正式なマッサージ
$38
Free
WiFi
小心車輛

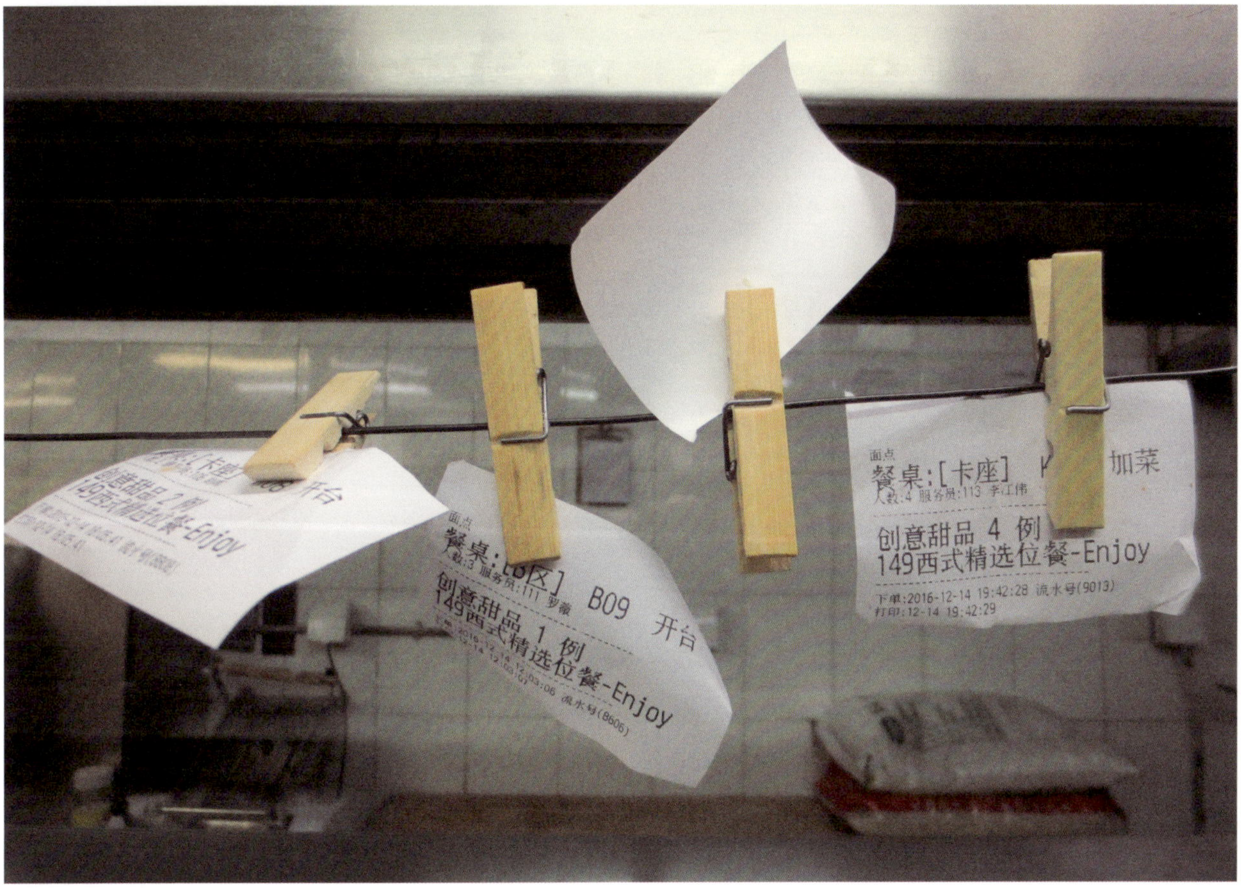

开台
餐桌:[B区] B09 开台
创意甜品 1 例
149西式精选位餐-Enjoy
面点
餐桌:[卡座]
加菜
创意甜品 4 例
149西式精选位餐-Enjoy
下单:2016-12-14 19:42:28 流水号(9013)
打印:12-14 19:42:29

So sollen z.B. Brühen nach genau festgelegten Schritten halbe Tage oder länger gekocht, Zutaten oft nur nach starrer Vorgabe kombiniert und nach jahrhundertealter Überlieferung heute nicht anders als vor 80 Jahren zubereitet werden. Das gibt es ohne Zweifel. Gerade bei den Alten in den ländlichen Gebieten setzt man auf Bekanntes – aber das ist in Deutschland ja nicht anders. Doch in den Großstädten und bei den jungen Leuten, die wir zu Hause besuchten, offenbarte sich uns ein anderes Bild: Sie kochten mit Neugierde – experimentell, individuell und zeitgemäß.

Dies ist also keine Sammlung traditioneller Klassiker, keine Fibel chinesischer Rezepte – allein deshalb schon nicht, weil all die Gerichte in »Forever Yang« vegan sind. Es ist ein Buch über die moderne und doch bewährte, über die frische und geschmackstiefe, über die tierfreie Neuentdeckung der chinesischen Küche. So, wie wir sie vor Ort erlebt haben: Trend und Tradition, Pop und Klassik, Yin und Yang. Wir sind fast 8.000 Kilometer durchs Land gefahren, um diese Rezepte für dich einzusammeln. Wo immer wir auf Zubereitungsarten stießen, die in unseren deutschen Küchen schlicht nicht praktikabel sind, haben wir sie abgeändert. Wenn du zum Beispiel keinen Wok hast, nimm eine Pfanne. Du musst dir keine speziellen chinesischen Messer kaufen, um chinesisch zu kochen. Eine solide Grundausrüstung in der Küche reicht total. Wenn du spezielle Utensilien benötigst, haben wir in den Rezepten darauf hingewiesen. Ein Tipp vielleicht doch: Die Chinesen lieben es, ihr Gemüse in dünne Streifen zu schnippeln – es gibt unzählige solcher Gerichte (wie etwa Tu Dou Si; Seite 152). Kochst du sie öfter oder willst Zeit sparen, lohnt sich die Anschaffung einer Mandoline. Doch nicht nur unnötige Zubereitungsarten haben wir versucht, für dich etwas zu erleichtern. Wo immer wir auf Zutaten stießen, die es bei uns nicht gibt, haben wir sie gegen ähnliche ausgetauscht.

Trotz allem findest du in den Rezepten natürlich eine Menge exotischer Gemüse, Kräuter, Gewürze und anderer Produkte – es ist ja auch ein chinesisches Kochbuch und kein deutsches. Es wird dir mit Sicherheit ab und an passieren, dass du bestimmte Zutaten nicht bekommst. Kein Grund zu verzweifeln – fang an zu experimentieren!

Du wirst nur selten lesen (wenn es nicht explizit Sinn ergibt), dass du dein Obst und Gemüse vor dem Zubereiten waschen sollst. Wir gehen davon aus, dass das jeder weiß und tut. Dazu kommt, dass wir es gewohnt sind, Biolebensmittel und Produkte auf dem lokalen Wochenmarkt zu kaufen, statt pestizidbehandelter Waren im Supermarkt. Da muss aufs lupenreine Waschen nicht akribisch geachtet werden.

Da wir selbst Veganer sind, ist dies ein veganes Kochbuch. Bei Antritt unserer Reise nahmen wir uns vor, keinen Fleischersatz zu benutzen, sondern nur echtes Essen vorzustellen. Wir hatten aber keine Ahnung von China. Denn im Land der Mitte ist »vegetarisches Fleisch« ein eigenständiges Produkt, Seitan und Tofu sind fester Bestandteil der Küche (mehr dazu in der kleinen Tofukunde; Seite 188), auch bei Fleischessern. Viele klassische Gerichte enthalten sogar Kombinationen aus Fleisch und Tofu, und auch in unseren Rezepten haben wir Tofu- und Seitanprodukte benutzt. Allerdings wirst du vergeblich nach einer nachgebauten Ente süßsauer oder Hühnchenfleisch aus Pflanzeneiweiß suchen.

Die meisten unserer Rezepte enthalten Chili und Knoblauch – Zutaten die wir so sehr lieben, dass wir sie sogar in Desserts schnippeln würden, wenn es Sinn ergäbe (was bei Chili oder auch Pfeffer ja sogar der Fall ist, wie du bei unserem Orangeneis mit Szechuanpfeffer siehst; Seite 237). Da die Chinesen teilweise sehr scharf essen und auch wir lieber eine Chilischote zu viel als zu wenig ins Essen werfen, kannst du dich bei diesen Zutaten an deinen eigenen Vorlieben und Erfahrungen orientieren. Wenn du nicht gern scharf isst, nimm einfach weniger.

Die Rezepte in diesem Buch sind gesund und lecker, es ist aber kein Diätbuch – wir verwenden Fett, wo Fett verwendet werden muss, und Zucker, wo Zucker reingehört. Mit Letzterem ist das so eine Sache: In Zeiten von Low Carb ist Zucker ein verteufeltes Produkt, wird gern durch Zuckeraustausch- und Süßstoffe ersetzt. Davon halten wir wenig, denn die Wirkung dieser Produkte auf den Körper ist noch nicht vollständig geklärt. Zudem setzen sie falsche Signale, da man den richtigen Umgang mit Süße und einem angemessenen Mengenverhältnis verlernen kann. Am Ende muss es jeder für sich entscheiden. Wir haben uns jedoch bewusst für Zucker entschieden, da er in manchen Gerichten als Zutat benötigt wird und ein wichtiger Geschmacksträger ist. In vielen Rezepten, auf Blogs und in Zeitschriften wird gesundheitshalber Honig, Agaven- oder Apfeldicksaft als Alternative empfohlen. Da der höhere Nährstoffgehalt aber verschwindend gering ist und vor allem bei In-Sorten wie Kokosblütenzucker nichts als gutes Marketing vor einer schlechten CO_2-Bilanz steht, war für uns ein anderes Argument ausschlaggebend: Regionalität. Daher benutzen wir Rübenzucker aus Demeter-Produktion (oder, wenn es das Gericht klassisch fordert, auch mal Reissirup).

All das macht Essen nicht gesund oder ungesund – denn Gesundheit ist weit mehr als das bloße Zusammenzählen von Kalorien oder Weglassen von Nährstoffen. Nicht umsonst wird die westliche Welt mit ihren Diäten und dem vorherrschenden Körperwahn immer dicker und kranker. Und auch in China hält diese Entwicklung mit Fast Food und westlichen Ernährungstrends Einmarsch. Dabei ist das uralte Wissen um einen gesunden Menschen ganz einfach: Iss, was dir schmeckt, denn das macht glücklich. Aber iss ausgewogen, kleine Portionen und langsam.

ZUBEREITUNGSZEIT

In allen Rezepten geben wir die Zubereitungszeit an. Sie variiert natürlich, genau wie Lesezeiten von Büchern und Laufzeiten von Joggern. Jeder hat ein anderes Tempo – auch beim Kochen. Sie ist daher nur als grobe Orientierung zu verstehen.

PORTIONSANGABEN

In China bestellt nicht jeder, wie bei uns, sein eigenes Essen im Restaurant oder isst von einem eigenen, komplett fertig gefüllten Teller (und stibitzt höchstens mal beim Gegenüber ein Kosthäppchen). Auf unserer Reise saßen wir oft mit vielen Leuten am Tisch, denn die Chinesen lieben Geselligkeit und Gemeinschaft während der Mahlzeiten. Dabei werden immer viele kleine Gerichte aufgetischt. Dazu wird Reis gereicht, oft eine Trinkbrühe oder zum Abschluss noch eine Suppe. Als Geschirr bekommt jeder ein Schälchen. Im Gegensatz zu uns Deutschen haben die Chinesen sich nun aber nicht diese Schälchen einmal komplett mit Reis, Gemüse und Tofu vollgehauen, sich zufrieden zurückgelehnt und in Ruhe gegessen. Nein, sie haben etwas Reis in das Schälchen gegeben und es dann als eine Art Tropfschutz benutzt – um das mit den Stäbchen aus den großen Schalen geangelte Essen sicher von der Tischmitte zum Mund zu führen. Auch gern gesehen: Mit links wurde das Schälchen ans Kinn gehalten, die Stäbchen in der rechten Hand haben das Essen aus dem Schälchen in den Mund geschoben, ganz gleichmäßig, wie bei einem Schaufelbagger – nur schneller.

Da in China also immer viele Gerichte, meist jedes aber in Größe von nur einer Portion, auf dem Tisch stehen, waren wir anfangs unsicher, welche Mengenangaben wir machen sollen. Ein Rezept für nur eine Person aufzuschreiben kam uns komisch vor, also haben wir hier alle Gerichte für zwei Personen angegeben. Denn vermutlich sitzt du mit einer weiteren Person am Tisch oder ihr seid zu viert. Kochst du eins unserer Gerichte nach, kriegst du euch beide mit der angegebenen Menge satt. Seid ihr zu viert oder in einer größeren Gruppe, tu es den Chinesen gleich und bereite zwei oder mehr Gerichte zu, statt die doppelte Menge von nur einem Rezept zu kochen. Ein paar wenige Ausnahmen gibt es: Grundrezepte wie Brühen, Pasten oder Öle bereitet man besser auf Vorrat zu, um sie bei Bedarf zu benutzen. (Außerdem ist hier eine Angabe für zwei Personen unsinnig, da es sich um Zutaten handelt statt um ganze Gerichte.) Auch Eis oder Hot Pot macht in größeren Mengen mehr Sinn. Und bei den beliebten, aber in der Zubereitung zeitaufwendigen Teigtaschen Jiaozi (Rezept siehe Seite 140) ist es nur sinnvoll, gleich ein paar mehr zu machen – wenn man eh schon mal dabei ist.

So, und nun reicht's an dieser Stelle auch. Du weißt jetzt, wie du unser Buch verstehen kannst. Wir wünschen dir ganz viel Spaß beim Nachkochen der »Forever Yang«-Gerichte. Lass es dir schmecken. Oder, um es mit den Chinesen zu sagen: Man man chi! (Iss langsam.)

VORRATSSCHRANK

Diese chinesischen Produkte bieten die Grundlage für alle Rezepte im Buch. Hast du sie da, benötigst du lediglich frische Lebensmittel wie Gemüse oder Tofu und schon kann's losgehen. Damit hast du immer eine solide Basis, um dich den Gegebenheiten deiner Küche anzupassen: Noch einen Blumenkohl im Gemüsefach? Mach Szechuan-Blumenkohl daraus. Bis auf ein paar Kartoffeln herrscht gähnende Leere im Kühlschrank? Mach Tu Dou Si! Das schmeckt sogar ohne Paprika. Mit den richtigen Soßen und Gewürzen bist du immer gut gewappnet.

1. Szechuanchilis
2. eingelegte Senfblätter (in Lake)
3. Pickled Vegetables (Senfblätter; getrocknet und gesalzen; z.B. von Lian Feng)
4. Ji Cai (Wildgemüse; TK)
5. Chan Pui Lemons (kandierte Zitronen)
6. Klebreismehl
7. Mais »Creamy Style«
8. getrocknete Lilienblüten
9. Szechuanpfeffer
10. Pi-Xian-Broad-Bean-Paste (Dicke-Bohnen-Paste)
11. Drachenbrunnentee
12. chinesische Sojabohnenpaste
13. heller Reiswein
14. getrocknete Lilienwurzeln

15. Dumplingessig (dunkler Reisessig; z.B. Three Coconut Tree. Dieser Essig ist nicht so beißend und mit Gewürzen verfeinert.)
16. heller Reisessig
17. Süßkartoffel-Glasnudeln
18. fermentierte schwarze Bohnen
19. Sagoperlen
20. geröstetes Sesamöl
21. Hoisinsoße
22. schwarzes Sesammus
23. Jujube (getrocknete rote Datteln)
24. Shaoxing-Reiswein
25. helle Sojasoße
26. dunkle Sojasoße
27. chinesisches Sesammus (gibt es pur oder als Sesam-Erdnuss-Mus)

FRÜHSTÜCK

ROTE CONGEE

Warme duftende Brötchen, frisches Obst, vielleicht Pfannkuchen oder Zimtschnecken, dazu ein guter Kaffee – was wir Europäer mit dem Wort Frühstück assoziieren, ist in China schlichtweg nicht existent. Träumt ein Chinese von einem guten Frühstück, sehnt er ungesüßte, (durch die vollkommene Abwesenheit von Salz) geschmacksneutrale und lediglich sättigende Speisen herbei; vielleicht ein paar frittierte Youzagwei (bei uns kennt man das Fettgebäck als Churros) oder gefüllte Dampfbrötchen. Vor allem aber: Congee – eine bekömmliche, aber unfassbar fad schmeckende, eingedickte Reissuppe. Klassisch wird hierfür nämlich lediglich Reis in Wasser gekocht, bis er fast zerfällt – ohne Salz oder irgendeine andere Würze. Geschmacklich ähnelt der Brei einem Stück Papier. Wem das nicht reicht, wirft vielleicht noch gehackte Frühlingszwiebeln drauf. Jetzt fragst du dich, warum wir dieser Geschmacksnull eine Seite einräumen? Weil Congee eben auch lecker geht. In Hongkong haben wir eine Variante gegessen, die eher einem Porridge aus verschiedenen Getreiden gleicht – mit Gewürzen, Früchten und Kernen für den Krach im Mund: Congee 2.0. Here it is:

100 g Adzukibohnen
10 g Ingwer
3 Datteln
15 g Wildreis
50 g roter Reis
25 g Gerstengraupen
½ TL Zimt
1 Prise Salz
1 Handvoll Cashewkerne
12 Physalis

1 Weiche die Adzukibohnen mindestens über Nacht, am besten aber 24 Stunden, in Wasser ein. (Du kannst selbstverständlich auch Adzukibohnen aus der Dose nehmen, die musst du weder einweichen noch lang kochen. Gib diese dann einfach in den letzten 10 Kochminuten zur Congee und beginne bei Schritt 3.)

2 Schütte das Einweichwasser weg und spüle die Bohnen ab. Setze einen kleinen Topf mit Wasser (ca. 700 ml) auf und koche die Bohnen 30 Minuten.

3 Schäle und hacke den Ingwer in dieser Zeit ganz klein. Entferne die Steine der Datteln und hacke die Trockenfrüchte ebenfalls klein.

4 Wasche den Wildreis und den roten Reis und gib beide Sorten nach den 30 Minuten zusammen mit dem Ingwer und den Datteln zu den Bohnen. Koche alles weitere 10 Minuten.

5 Gib nun auch die Gerstengraupen, den Zimt und eine Prise Salz in den Topf und koche das gesamte Getreide weitere 40 Minuten auf mittlerer Stufe, bis eine dickflüssige, breiige Suppe entsteht. (Gieße gegebenenfalls ein-, zweimal kleine Mengen Wasser nach, falls es nicht reicht.)

6 Röste währenddessen die Cashews ohne Fett und lass sie abkühlen. Schneide die Physalis in Hälften und garniere die heiße Congee mit beidem, bevor du sie servierst.

DAMPFKNOTEN MIT SAUERGEMÜSEBUTTER

Es braucht nicht viele Gewürze, exotische Zutaten oder aufwendige Zubereitungsschritte, um ein großartiges Gericht zu zaubern. Oft sind die einfachen Dinge die besten. Eine unschlagbare Kombi, die das beweist: Teig + Fett. Ob ofenfrisches Baguette mit Olivenöl, in der Pfanne gebratene Nudeln oder ganz simpel: eine Stulle Sauerteigbrot mit Butter und Salz – schön schlicht, sooo schmackhaft. In Mongkok, unserem Lieblingsfrühstücksviertel in Hongkong, haben wir den Klassiker »Brot mit Kräuterbutter« auf eine ganz neue Art kennen- und jiepern gelernt: dampfende Hefebrötchen mit Sauergemüsebutter. Die Kombination aus sauer eingelegtem Kohl, Schärfe und Salz auf heißen Hefebrötchen ist einfach unschlagbar.

FÜR DIE KNOTEN

- **350 g Mehl + etwas für die Arbeitsfläche**
- **½ TL Rübenzucker** (Besonders lecker schmeckt der Teig mit Ingwerzucker. Du bekommst ihn im Asiamarkt oder online als Ginger Icing Brown Sugar.)
- **½ Würfel frische Hefe**
- **145 ml lauwarmes Wasser**
- **1 Bund Frühlingszwiebeln**
- **1 Prise Salz**

FÜR DIE SAUERGEMÜSEBUTTER

- **½ Stück Bio-Alsan** (zimmerwarm)
- **40 g eingelegte Senfblätter** (gibt's im Asiamarkt)
- **1 EL betrunkene Peperoni** (Rezept siehe Seite 243. Alternativ: 1 kleine frische Peperoni, gehackt.)

1 Gib das Mehl in eine große Schüssel und forme auf seiner Oberfläche eine kleine Mulde. Streue den Zucker, krümle die Hefe hinein und gieße langsam das lauwarme Wasser darauf. Stelle die Schüssel kurz zur Seite.

2 Wasche und putze die Frühlingszwiebeln, zerschneide sie grob und hacke die Stücke in einem Blitzhacker oder Mixer klein. Gib sie zusammen mit dem Salz zum Mehl.

3 Nun knete aus den Zutaten einen geschmeidigen, festen und gleichmäßigen Teig, forme ihn zu einer Kugel und lass ihn, mit einem feuchten Tuch abgedeckt, etwa 1 Stunde an einem warmen Ort gehen.

4 Nutze die Zeit, um den Aufstrich zuzubereiten. Nimm die zimmerwarme Alsan-Margarine und gib sie in eine Schüssel.

5 Lass den eingelegten Kohl und die Peperoni in einem Sieb abtropfen, zerhacke beides in einem Blitzhacker und gib alles zur Margarine.

6 Schäle den Knoblauch, zerquetsche ihn mit dem Messerrücken und hacke ihn sehr klein. Gib ihn ebenfalls in die Schüssel, mische alles gut durch und würze mit Meersalz nach deinem Geschmack. Streiche die Masse in eine kleine Schale und stelle sie zur Seite.

7 Wenn die Stunde rum ist, schnapp dir den Teig, knete ihn noch mal durch und rolle ihn auf einer bemehlten Arbeitsfläche zu einer dicken Wurst aus. Schneide ihn in 10 Stücke und rolle jedes dieser Teile zu einer dünnen Wurst.

8 Nun schlinge die dünnen Würste zu einzelnen Knoten (falls sie dabei zu sehr kleben, mehle die Arbeitsfläche mehr ein) und presse ihre Enden zum Verschließen zusammen.

9 Dämpfe die Knoten in einem Dampfgarer etwa 25 Minuten. Wenn du keinen Dampfgarer hast, baue dir einen: Hänge einfach ein großes Sieb in einen großen, mit kochendem Wasser gefüllten Topf. Lege etwas Backpapier in das Sieb (so bleibt der Teig nicht in der Struktur kleben) und die Knoten darauf. Pass auf, dass sie nicht die Wasseroberfläche berühren. Packe nun einen Deckel drauf und dämpfe die Knoten gar. Iss sie am besten ganz frisch und heiß, wenn die würzige Butter darauf zerläuft.

HONGKONG-PORRIDGE

Zugegeben, nach einem Monat im Reich der Mitte begannen wir von unseren Berliner Frühstücksklassikern zu träumen: von Scones, Avocadobroten, Erdnussbutter-Bagels und – Porridge! Unter diesem Aspekt hätte der Verlauf unserer Reiseroute nicht besser gewählt sein können. Wenn du vier Wochen in China kein gewohntes Frühstück bekommst, ist das westliche, hippe Hongkong der Himmel auf Erden. Hier bist du nicht in China, hier wandelst du auf britischen Kolonialspuren, bist in einer jungen, poppigen, künstlerischen, neugierigen und sich ständig verändernden Großstadt – fernab von kaiserlicher Tradition und fernöstlicher Mythologie. Hongkong ist das New York Chinas, eine eigene Welt – mit Bagels und Porridge!

60 g schwarzer Sesam
1 TL heller/schwarzer
  Sesam gemischt
60 g Quinoa
1 violette Süßkartoffel
  (ca. 150 g)
1 Prise Salz
½ Granatapfel
1 Trockenfeige
2 Trockenaprikosen
200 ml Mandelmilch
100 ml Kokosmilch
1 Handvoll getrocknete
  Pitahaya (Drachenfrucht;
  findest du online oder
  in gut sortierten Shops
  für Nüsse und Trocken-
  früchte.)

1 Röste den schwarzen Sesam in einer Pfanne ohne Öl langsam an, bis die kleinen Körnchen knacken und zu springen beginnen. Rühre dabei immer gut um, damit die Saat nicht anbrennt und eine bittere Note entwickelt. Verfahre mit dem gemischten Sesam danach genauso. Stelle beides getrennt zur Seite.

2 Bringe die Quinoa in der zweieinhalbfachen Menge Wasser zum Kochen und lass sie etwa 15 Minuten köcheln.

3 Währenddessen kannst du die violette Süßkartoffel schälen, möglichst kleinschneiden (damit sie schnell gar wird) und in etwas leicht gesalzenem Wasser (gerade so viel, dass sie bedeckt ist) kurz kochen.

4 Nun klopfe die Kerne aus der Granatapfelhälfte und stelle sie zur Seite. Schreddre den abgekühlten schwarzen Sesam in einem Mixer und hacke die Trockenfeige und Aprikosen sehr klein.

5 Sobald die Süßkartoffelstücke weich sind, kannst du sie mit der Gabel im Topf zu Püree zerquetschen. Rühre den Sesam und die gehackten Trockenfrüchte hinein und gieße die Mischung mit Mandel- und Kokosmilch auf. Verrühre alles sorgfältig zu einer breiigen Masse (bei Bedarf kannst du noch etwas Wasser oder, wenn du es dichter magst, 1 Schuss Mandelmilch dazugeben). Lass den Porridge nur kurz aufkochen und nimm ihn dann vom Herd.

6 Mische die Quinoa mit den Granatapfelkernen, schneide die Pitahaya in Streifen und gib alles auf den Brei. Garniere dein Frühstück mit dem gerösteten Sesam.

SAHNIG-SÜSSES YAMSPÜREE

Die Yams ist ein total unterschätztes Ding. Unhandlich groß, optisch nicht nur unscheinbar, sondern beinahe langweilig hässlich, liegt sie in asiatischen Gemüseregalen rum und wird zwischen Schönheiten wie filigranen Schlangenbohnen, weiß blühendem Schnittknoblauch und paradiesvogelähnlichen Pitahaya meist ignoriert. Dabei ist sie nicht nur sehr gesund, sie gilt in der Naturheilkunde sogar als kleines Wunder, soll Krämpfe lösen und beim Abnehmen helfen. Sie ist auch wunderbar wandelbar: Man kann Pommes aus ihr machen, sie wie Kartoffelbrei zerstampfen und sie sogar als Grundlage für Eiscreme verwenden. Besonders spannend fanden wir das Yamspüree, das wir an einem Straßenimbiss kurz hinter Shanghai gegessen haben. Es war sahnig und süß, aber hatte noch Biss und fühlte sich im Mund genau wie Milchreis an. Weißes Yamspüree ist quasi der neue Blumenkohlreis in süß. Was für eine Neuentdeckung!

350 g Yams
(dicke schwarze Knolle)
200 g Blaubeeren
Saft und Abrieb von
1 kleinen Limette
1 TL Rübenzucker
mindestens 400 ml
Mandelmilch
½ Päckchen Vanillezucker

1 Schäle die Yams, schneide sie in etwa 1 Zentimeter große Würfel und dämpfe sie 30 Minuten in einem Dampfgarer. Wenn du keinen hast, kannst du sie auch mit wenig Wasser in einem geschlossenen Topf garen (schütte das Kochwasser danach aber weg, da die in den Knollen enthaltene Oxalsäure in das Wasser übergeht).

2 Währenddessen kannst du die Blaubeeren waschen und eine kleine Handvoll davon zur Seite legen. Den größeren Rest gibst du zusammen mit dem Saft und Abrieb der Limette, 30 ml Wasser und dem Rübenzucker in einen kleinen Topf. Koche alles kurz auf und stelle es zur Seite.

3 Wenn die Yams fertig ist, püriere sie mit der Mandelmilch und dem Vanillezucker zu einem sahnigen, aber feinstückigen Püree, das an die Konsistenz von Milchreis erinnert. Wenn dir der Brei zu dick ist, hilf gern mit mehr Mandelmilch nach.

4 Nun püriere die Blaubeersoße. Verteile das Yamspüree auf Schalen, gieße die heiße Soße darüber und gib die restlichen frischen Blaubeeren darauf.

DIE REGIONALKÜCHEN

China hat etwa 1,4 Milliarden Einwohner, ist das viert-größte Land der Welt und fast 27-mal so groß wie Deutschland. Deshalb ist die chinesische Küche nicht nur wahnsinnig facettenreich, sondern auch sehr unterschiedlich und wird in mehrere Dutzend Regionalküchen unterteilt. Am geläufigsten ist die Unterteilung in die vier Himmelsrichtungen. Dafür hat Sam uns die schöne Faustformel eingetrichtert: »Salzig im Norden, süß im Süden, sauer im Osten und scharf im Westen.« Je nachdem, wen man fragt, wird das Saure aber auch mal dem Westen zugeschrieben und das Scharfe oder Saure dem Osten. So richtig einig sind die sich da nicht.

NORDEN

Die Küche des Nordens (Pekingküche) gilt als simpel, wegen des rauen Klimas wächst dort nicht allzu viel.

Gurken, Chinakohl, Sellerie – dann hört's schon fast auf. Geschmacklich ist das Essen zwar salzig, aber mild. Oft auch ein bisschen ölig, weil die Menschen früher Fettreserven brauchten, um sich gegen die Kälte zu stemmen. Erstaunt hat uns, dass die traditionelle nordchinesische Küche keinen Reis kennt. Wir haben immer gedacht, der würde überall in China gegessen, stimmt aber nicht: zu kalt. Aber Getreide wächst – vor allem Weizen, Soja und Hirse. Daraus werden im Norden vor allem Nudeln gemacht.

SÜDEN

Das Süße wird dem Süden zugeschrieben, dabei ist die chinesische Küche international kaum dafür bekannt. Doch wenn es so etwas wie ein Süßspeisen-Mekka im Reich der Mitte gibt, dann ist das Hongkong mit seinen vielen Dessertrestaurants: Klebreisbällchen, Mandeltee, Sesamsuppe – alles mega! Lediglich beim Gedanken an die Faszination der Chinesen für Stinkfrucht-Naschereien dreht sich uns nach wie vor der Magen um.

Aber man tut den verschiedenen Landesecken Unrecht, wenn man sie lediglich auf eine Geschmacksrichtung runterbricht. Auch der Süden (Kantonküche) hat weitaus mehr zu bieten – viel frisches Gemüse zum Beispiel, weshalb die Kantonküche als recht leicht gilt. Eine der bekanntesten Errungenschaften sind gefüllte und im Bambuskörbchen gedämpfte Teigtaschen, die als Dim Sum (kleine Snacks) gereicht werden. Dim Sum bedeutet wörtlich übersetzt übrigens so viel wie »das Herz berühren« – und bei uns hat das definitiv geklappt.

OSTEN

Im Osten soll es viel Saures geben. Aber mal abgesehen davon, dass dort gern eingelegtes Gemüse und Essig verwendet wird (wie überall sonst in China auch), ist uns das Essen nicht saurer vorgekommen als überall sonst. Unterwegs haben wir gelernt, dass in China 600 verschiedene Arten von Gemüse gegessen werden – sechs

mal mehr als im Westen. Viele davon finden auch in der ostchinesischen Küche Verwendung, die wir daher schätzen und lieben gelernt haben.

WESTEN

Wenn vom scharfen Westen die Rede ist, sind vor allem Gerichte aus den Provinzen Hunan und Szechuan gemeint – und wie bereits erwähnt: Hinsichtlich der geografischen Einordnung nimmt man es da nicht so genau. Denn Hunan befindet sich in der (südlichen) Osthälfte des Landes, Szechuan wiederum eher mittig. Aber sei's drum.

Die Szechuanküche ist übrigens die einzige Küche weltweit, in der sämtliche Pfeffersorten vorkommen – natürlich auch der berühmte Szechuanpfeffer, der etwas Mentholiges hat und daher nicht jedermanns Sache ist. »Die schärfsten Gerichte des Landes serviert man aber in Hunan«, darauf hat Xiao stets bestanden. Und sie muss es wissen, denn sie ist dort aufgewachsen – für Caro und mich der kulinarische Himmel auf Erden! Über 4.000 Gerichte soll die Hunanküche übrigens beinhalten. Für ein weiteres Kochbuch also genügend Futter – im wahrsten Sinne des Wortes.

GRÜNE MANTOU-SCHNECKEN MIT BOHNENMUS

Mantou ist das Brot der Chinesen. Leicht süßlich wird es als Frühstück, aber auch als Beilage zu herzhaften Gerichten gegessen. Diese Variante ist mit Matcha gefärbt, den man zwar vor allem aus Japan kennt, der ursprünglich aber aus China stammt. Wer mag, kann sein Mantou aber auch mit Spinat- oder Weizengraspulver grün färben.

FÜR DEN TEIG

- 2 × 175 g Mehl + etwas für die Arbeitsfläche
- 7 g Matchapulver
- 2 × ¼ Würfel Hefe
- 2 × ½ TL Rübenzucker
- 2 × 70 ml lauwarmes Wasser
- 2 × 1 Prise Salz

FÜR DAS BOHNENMUS

- 400 g Adzukibohnen (entspricht 1 Dose, Abtropfgewicht: 225 g)
- ½ Banane
- Mark von 1 Vanilleschote
- 3 TL Rosenwasser
- Saft von ½ kleinen Limette
- 100 g Himbeeren
- 50 g Blaubeeren
- 30 g Mandeln

1 Verteile die beiden Mehlportionen (also je 175 Gramm) auf zwei Schüsseln.

2 Streiche den Matcha durch ein sehr feines Sieb in eine der Schüsseln und vermenge Mehl und Tee gleichmäßig. Es sieht jetzt ganz zart grün aus. Das Mehl in der zweiten Schüssel bleibt weiß.

3 Drücke eine Mulde in das Mehl beider Schüsseln und brösle jeweils 1 Portion Hefe und Zucker hinein. Gieße dann langsam je 70 ml lauwarmes Wasser (nicht heißer als 40 Grad, damit die Hefe gehen kann) in die Kuhlen. Lass alles 2–3 Minuten stehen, gib dann das Salz hinzu und verarbeite erst die grüne, dann die weiße Mischung zu je einem glatten Teig. Ist er noch zu fest, hilf mit ein wenig Wasser nach. Gib die (von außen noch mal leicht bemehlten) Teigkugeln wieder in ihre Schüsseln zurück und lege über jede ein feuchtes Tuch. Lass beide Teige mindestens 30 Minuten ruhen.

4 In dieser Zeit kannst du das Mus zubereiten. Gieße dafür die Adzukibohnen durch ein Sieb ab und spüle sie gründlich. Zerdrücke sie zusammen mit der halben Banane, dem Mark der Vanilleschote, Rosenwasser und Limettensaft zu Mus.

5 Wasche die Himbeeren und drücke sie mit einer Gabel grob in das Bohnenmus. Wasche die Blaubeeren und rühre sie unter.

6 Gib nun eine der Teigkugeln auf eine bemehlte Arbeitsfläche, knete sie kräftig durch und rolle sie zu einem eher recht-eckigen Fladen aus. Das machst du mit der anderen Teigkugel auch. Versuche, sie dabei auf dieselbe Größe auszurollen.

7 Sollen die Mantou außen grün sein, bestreiche den grünen Fladen mit Wasser und lege den weißen darauf. Rolle mit einem Nudelholz darüber, damit sie sich verbinden. Sollen die Mantou außen weiß sein, mach's genau andersrum.

8 Bestreiche nun die Oberfläche noch einmal mit Wasser und rolle den Doppeldeckerteig von der langen Seite her zu einer gleichmäßigen Rolle auf. Schneide sie in 10 gleichmäßig große Stücke und lass diese 15–20 Minuten ruhen.

9 Jetzt kannst du die Mantou-Schnecken auf je einem kleinen Stück Backpapier in einen Dampfgarer oder Dampfkochtopf legen. Lass zwischen ihnen Platz, damit sie beim Aufgehen nicht ineinanderwachsen. Dämpfe sie 20–25 Minuten, ohne währenddessen den Deckel zu öffnen, und serviere sie mit dem Bohnenmus.

Tipp Wenn du keinen Dampfgarer hast, kannst du die Schnecken auch in ein Sieb setzen und dieses in einen großen, mit Wasser gefüllten Topf hängen (auch hier: Deckel drauf!). Wichtig ist nur, dass die Hefeteile nicht die Wasseroberfläche berühren, aber genug Wasser im Topf ist, um 20–25 Minuten lang zu dämpfen.

ROSA BAOZI

Wer süßes Frühstück mag, wird diese Brötchen lieben: dampfende Hefeteigkugeln mit einer dichten Füllung aus violetten Süßkartoffeln. Wir haben sie morgens in Kowloon in Hongkong entdeckt, auf unserem Weg zur Verabredung mit Candy Wu, der jüngsten Muay-Thai-Boxerin Chinas mit einem Champion-Gürtel. Wir waren ziemlich in Eile und hatten total Hunger, fanden aber nur Jaozi und Baozi mit fleischigen Füllungen. Die rosafarbenen Dampfbrötchen haben wir am Ende mehr oder weniger aus Verzweiflung gekauft, um nicht mit leerem Magen in der Trainingshalle aufzukreuzen. Aber zum Glück ist es mit Verzweiflungskäufen manchmal wie mit falschen Straßenabzweigungen: Sie eröffnen einem plötzlich eine neue Welt. Und diese hier war weich, heiß und süß! Dazu passt übrigens prima ein herber türkischer Mokka mit Kardamom! Aber »sade«, also ohne Zucker.

FÜR DIE FÜLLUNG

150 g violette Süßkartoffel
(entspricht etwa 1 kleinen)
Mark von ½ Vanilleschote
Saft und Abrieb von
½ kleinen Limette
½ EL Reissirup
1 Prise Salz

FÜR DEN TEIG

350 g Mehl + etwas, damit
die Teigkugeln beim
Ablegen nicht kleben
bleiben
½ TL Ingwerzucker
(Ginger Icing Brown
Sugar; gibt's online oder
im Asiamarkt. Du
kannst aber auch simplen
Rübenzucker + ½ TL gehackten, kandierten
Ingwer nehmen.)

½ Würfel Hefe
145 ml lila verfärbtes
Süßkartoffel-Kochwasser
1 Prise Salz

1 Schäle die Kartoffel, schneide sie klein und gib die Stückchen mit so viel Wasser (mindestens aber 200 ml) in einen kleinen Topf, dass sie gerade bedeckt sind. Koche sie 10–12 Minuten und gieße dann das lila verfärbte Wasser zum Abkühlen in ein Gefäß. Aber Vorsicht: Es darf beim Weiterverarbeiten nicht heißer als 40 Grad sein, sonst geht die Hefe nicht auf. Wenn es schnell gehen muss, kannst du die Flüssigkeit auch in einem kalten Wasserbad runterkühlen.

2 Zerdrücke die fertigen Kartoffelstücke mit einer Gabel zu Brei. Kratze das Mark aus der Vanilleschote und gib es zusammen mit dem Saft und Abrieb der Limette, Reissirup und Salz unter das Kartoffelpüree. Stelle die Füllung zur Seite.

3 Schütte das Mehl in eine große Schüssel, drücke eine Mulde in die Oberfläche, gib Zucker und Hefe hinein und gieße langsam das lauwarme lilafarbene Wasser darauf. Lass alles ein paar Minuten stehen, streue die Prise Salz dazu und verarbeite die Mehlmischung zu einem glatten Teig. Lege dann ein feuchtes Tuch über die Schüssel und lass die Teigkugel (am besten bemehlst du sie vorher noch mal leicht) darunter etwa 1 Stunde ruhen.

4 Ist der Teig aufgegangen, teile ihn in 10 Portionen und forme aus jeder 1 Kugel.

5 Drücke nun ein gleichmäßig großes Loch in jede Kugel, gib 1 TL von der Füllung hinein und verschließe den Teig wieder vorsichtig mit leicht angefeuchteten Fingern. Lege die fertigen Dampfbrötchen auf eine bemehlte Unterlage und lass sie dort nochmal 10 Minuten ruhen.

6 Nun kannst du die Baozi dämpfen. Lege sie auf je einem kleinen, abgerissenen Stück Backpapier in einen Dampfgarer oder Dampfkochtopf und achte darauf, dass genug Abstand zwischen ihnen bleibt, weil sie noch weiter aufgehen. Dämpfe sie 20–25 Minuten, ohne dabei den Deckel zu öffnen.

Tipp Wenn du keinen Dampfgarer hast, kannst du die Brötchen auch in ein Sieb setzen und dieses in einen großen, mit Wasser gefüllten Topf hängen (auch hier: Deckel drauf!). Wichtig ist nur, dass die Baozi nicht die Wasseroberfläche berühren, aber genug Wasser im Topf ist, um 20–25 Minuten lang zu dampfen.

SNACKS

ROADTRIP-POPCORN

Zugegeben: Snacks zu finden, die weder einmal ein Tier noch ein Teil davon waren, war gar nicht so einfach. Auf unseren knapp 8.000 Autokilometern wurde Daniels unermüdliche Suche in jedem einzelnen Raststätten-Shop zum Running Gag. Während ich die Thermoskannen mit heißem Wasser auffüllte oder mir die Beine vertrat, ließ Daniel sich von Sam die Zutaten der Knabbereien vorlesen – in der Hoffnung, zwischen eingeschweißten Hühnerfüßen und Rindersehnen ein bisschen Nervennahrung für unsere langen Fahrten zu finden. Am Ende erbeutete er aber fast immer Popcorn, da alle anderen Snacks nicht vegan waren und selbst die Sonnenblumenkerne mit Milcheiweiß gesüßt wurden. Da Popcorn in China aber leider mehr Zucker als Mais enthält, nahmen wir uns vor, unser eigenes Popcorn herzustellen, sobald wir nach Luoyang kämen, in Sams Zuhause. Xiao, Sams Freundin, sagte später bei unserer Abreise, dass wir in den vier Tagen unseres Aufenthalts mehr Popcorn bei ihnen gemacht hätten als sie in den ganzen letzten zehn Jahren. Das wolle sie jetzt aber ändern – dank dieses Rezepts.

1 EL Erdnussöl
4 EL Popcornmais
2 TL Fünf+Fünf-Gewürze-Mischung [Rezept siehe Seite 247]
2 kleine getrocknete Chilis
4 EL Reissirup
1 TL Meersalz

1 Suche dir einen großen Topf mit Deckel und gib das Erdnussöl und den Popcornmais hinein. Setze den Deckel drauf, stelle den Topf auf den Herd und dreh die Hitze auf obere Mittelstufe.

2 Während der Mais heiß wird und nach und nach zu poppen beginnt, musst du deine Aufmerksamkeit beim Topf lassen. Rüttele und schüttele ständig am Topf, damit die Körner nicht anbrennen. Sobald alle Körnchen gepoppt sind, nimmt den Topf vom Herd und lass ihn noch kurz geschlossen stehen. Manchmal knallt noch ein Korn nach und soll dir ja nicht ins Auge schießen.

3 Mörsre nun die Fünf+Fünf-Gewürze-Mischung und die Chilis und röste sie in einer kleinen Pfanne ohne Fett leicht an. Nun muss alles schnell gehen: Gib den Reissirup darüber und nimm die Mischung direkt vom Herd, sobald sie heiß wird. Lass sie auf keinen Fall köcheln, sonst dickt der Zucker ein. Gieße sofort den Gewürzsirup gleichmäßig über das Popcorn, setze den Topfdeckel gleich wieder drauf und schüttele den Mais kräftig durch.

4 Streue Meersalz über den Mais, schüttele ihn nochmal durch und streue ihn zum Auskühlen auf ein mit Backpapier ausgelegtes Backblech.

5 Sollte das Popcorn beim Auskühlen nicht kross werden (was passieren kann, wenn in der Küche zu viel Feuchtigkeit vom Kochen vorhanden ist), schiebe das Blech einfach ein paar Minuten in den Ofen [200 Grad; Umluft: 180 Grad]. Lass dabei die Ofentür einen kleinen Spalt offen, damit die Feuchtigkeit abziehen kann.

ERDNÜSSE IN ESSIG

Diese gerösteten Nüsse, die salzig und sauer perfekt vereinen, sind ein Vorspeisen-, Beilagen- und Snack-Klassiker in China. Sie waren das erste Gericht, das wir nach unserer Ankunft in Peking aßen. Wir hatten diesen langen Flug hinter uns, auf dem es nur Mist zu essen gab und den ich eingequetscht zwischen Daniel (gut) und einem Chinesen, der im Minutentakt Rotze hochzog (schlecht), verbringen musste. Ich war kaputt und fertig und hatte Hunger – was die Nerven noch mehr strapazierte. Statt direkt ins Bett zu fallen, mussten wir wach bleiben und unseren ersten Termin wahrnehmen. Also suchten wir ein veganes Restaurant in der Nähe auf, um uns zu stärken. Wir orderten vor Übermüdung viel zu viele Gerichte, unter anderem diese Nüsse. Wir kannten Erdnüsse in Haut aus Deutschland – langweilig, fast bohnig (weil roh) schmeckende Kerne, denen es an Knack und Aroma fehlt. Irgendetwas veranlasste uns nun aber, ihnen eine zweite Chance zu geben. Und da wir eh von einem Geschmackslangweiler ausgingen, konnten uns die Nüsse nur positiv überraschen – und das taten sie!

4 EL Erdnussöl
120 g Erdnusskerne
    mit Haut
2–3 Stängel Koriander
1 TL helle Sojasoße
3 EL Dumplingessig
1 TL Sesamöl
1 TL Reissirup
½ TL Meersalz

1   Erhitze das Öl in einem Wok oder einer großen Pfanne und brate die Nüsse darin an, bis ihre Haut schön dunkelrot gebräunt ist. Rühre dabei immer gut um, damit die Kerne nicht anbrennen.

2   Gieße das Öl durch ein Sieb weg. Gib die Nüsse in eine Schale und lass sie vollständig auskühlen.

3   Mische Sojasoße, Essig, Sesamöl und Sirup und gieße die Soße über die Nüsse. Hacke den Koriander und streue ihn und das Meersalz obendrauf.

Berlin
柏林

7.353 KM

Peking
北京

VON
BERLIN
NACH
PEKING

Genau 7.353 Kilometer sind es von Berlin nach Peking – das verriet uns ein Schild am Berliner Flughafen. Für uns bedeutete das: ein elfstündiger Nachtflug. Entsprechend gerädert kamen wir frühmorgens in Chinas Hauptstadt an, wo Sam und Xiao mit Take-away-Frühstück bereits auf uns warteten. Frittiertes Fettgebäck und lauwarme Sojamilch, die wie flüssiges Rührei schmeckte. Wir haben es einfach nicht runterbekommen und heimlich verschwinden lassen. Unter der Vorgabe, trotz des Frühstücks noch immer Hunger zu haben, gingen wir schnell etwas essen, denn es stand bereits unser erster Termin an: mit Anna und Antonie. Die beiden Kunsthistorikerinnen sind vor drei Jahren aus Deutschland ausgewandert, um in Peking ihr *i:project space* ins Leben zu rufen – eine Plattform für internationalen Kunstdiskurs, der auch vom Goethe-Institut gefördert wird. Nach einer kurzen Führung durch ihre Wohn- und

Ausstellungsräume nahmen sie uns mit in ihr Stammrestaurant *Gina's House*, in dem sie direkt ihr Lieblingsessen orderten: süße Sesambällchen auf sauer-salzigem Gemüse (Rezept siehe Seite 159) – eine erste Offenbarung! »Als meine Mama mich besuchen kam, wollte sie dreimal täglich hierher – nur deswegen«, erzählte uns Toni lachend. »Meine Mutter war die beste Kundin dieses Ladens. Bevor sie wieder heimflog, hat die Besitzerin ihr zu Ehren sogar ein großes Abschiedsfest gegeben.«

Nach diesem kulinarischen Hoch ließ das dazugehörige Tief (Yin und Yang) allerdings nicht lang auf sich warten. Auf einem Nachtmarkt überredete Sam uns, eine Pekinger Spezialität zu probieren: frittierten stinkenden Tofu. Klingt schlimm, riecht schlimmer und schmeckt so, dass die Steigerungsform »am schlimmsten« noch nicht mal ansatzweise das traumatische Erlebnis beschreibt, das unsere Gaumen an diesem Abend durchstehen mussten. Wir waren uns einig: Das war das Widerlichste, was wir je gegessen hatten! Wobei »gegessen« das falsche Wort ist, denn in unseren Mägen landete nichts davon. Aber Sam hatte seinen Spaß. Und Xiao ließ sich die fermentieren und marinierten Stinkewürfel tatsächlich schmecken. Brrrr.

Glücklicherweise blieb das die einzige kulinarische Pleite in Peking, denn gastronomisch hat die Stadt viel zu bieten: Vom einfachen Straßenimbiss bis zum Edelrestaurant, vom traditionellen Gasthaus bis zum hippen Fusion-Deli – wir aßen uns gefühlt einmal durch die 22-Millionen-Einwohner-Metropole und machten dabei viele spannende Entdeckungen. Zwischendrin versuchten wir, zumindest ein paar Brocken Mandarin zu lernen (meist beließen wir es bei »hǎochī«, das heißt »lecker«), schlossen neue Freundschaften demzufolge ohne viele Worte und erkundeten die ersten Bausteine der chinesischen Kultur. Dazu gehörte auch, einmal um vier Uhr morgens aufzustehen, um zitternd vor Minusgraden (es war Dezember) der Fahnenzeremonie beizuwohnen, die täglich bei Sonnenaufgang auf dem Tian'anmen-Platz stattfindet. Im Anschluss ging es in die Verbotene Stadt, mit ihren fast 900 Gebäuden die größte Palastanlage der Welt. Irgendwann schlotterten uns bloß dermaßen die

Knie, dass wir kaum noch Augen für ihre architektonische Schönheit hatten und uns stattdessen nichts sehnlicher als einen wärmenden Kaffee wünschten. Als wir endlich ein Café fanden, das schon geöffnet hatte, nahm Caro die beiden dampfenden Kaffeebecher, zog ihre Schuhe aus und platzierte die heißen Getränke darin, um sie damit von innen aufzuheizen – ihre Neuinterpretation des Begriffs »Coffee to go«.

Als unsere Füße endlich wieder Betriebstemperatur angenommen hatten, liefen wir weiter – bis in eine Gasse, die wie aus der Zeit gefallen wirkte: statt moderner Hochhausschluchten plötzlich nur Wohnkomplexe wie aus dem vorletzten Jahrhundert – und zwar einstöckig. Sam erklärte uns auch den Grund dafür: »Früher durfte kein Gebäude höher sein als der Kaiserpalast.« Es war immer noch früh und kaum ein Mensch auf der Straße. Die Luft war verhangen, ein Gemisch aus Pekings berüchtigtem Smog und dem Dampf mobiler Garküchen, die in regelmäßigen Abständen aufgebaut waren. Ab und an öffnete sich eine Tür und verriet uns den Grund für die menschenleere Gasse: Die Leute saßen alle zusammen beim Frühstück. Sie aßen gemeinsam Mantou (Dampfbrot; Rezept siehe Seite 35) oder Jiaozi (chinesische Maultaschen; Rezept siehe Seite 140), stärkten sich für den Tag und die langsam erwachende Stadt. Und wir taten es ihnen gleich.

KRACH-WACH-MISCHE

Was futtern eigentlich Nicht-Studenten, wenn sie Energie zum Denken und Arbeiten brauchen? Genau: Die Krach-Wach-Mische. Denn die unschlagbare Mischung aus Salznüssen, herb gerösteten Teeblättern, sauren Trockenfrüchten und süßer, dunkler Schokolade kracht im Mund, macht wach im Kopf und schmeckt auch dann noch, wenn man schon fertig gedacht und gearbeitet hat.

30 g Mandeln
40 g gesalzene Erdnuss-
    kerne
20 g Cashewkerne
10 g Drachenbrunnen-
    teeblätter
1 getrocknete Chili
10 g Bitterschokolade
1 TL Öl
7 g Popcornmais
1 EL Berberitzen
2 EL Gojibeeren
Salz

AUSSERDEM

1 mittelgroßes Ein-
    machglas

1 Röste die Nüsse ohne Fett schön braun. Stelle sie zum Abkühlen zur Seite.

2 Nun röste die Teeblätter auch ohne Fett. Pass auf, dass sie dir nicht verbrennen, und gib sie zu den Nüssen.

3 Zerstoße die Chili im Mörser und hacke die Bitterschokolade in grobe Stücke. Stelle beides zur Seite.

4 Nimm dir einen großen Topf mit Deckel und gib das Öl und den Popcornmais hinein. Setze den Deckel drauf und stelle den Topf auf den Herd. Während der Mais heiß wird und anfängt zu poppen, musst du ständig am Topf rütteln und schütteln, damit die Körner nicht anbrennen. Sobald der Mais komplett gepoppt ist, kannst du ihn vom Herd nehmen. Schütte das Popcorn auf ein Brett oder einen Teller und lass es auskühlen.

5 Wenn Nüsse, Tee und Mais komplett ausgekühlt sind (ist wichtig, sonst schmilzt die Schoki), schütte sie zusammen mit den übrigen Zutaten in eine Schüssel, mische alles durch und salze nach deinem eigenen Geschmack nach.

KLEINE
SPEISEN

SESAM-RETTICH

Dieses Gericht sieht zugegebenermaßen sehr langweilig aus. Aber man kann es nicht oft genug betonen: Schließe nie vom Äußeren aufs Innere! Wie oft saßen wir in schicken Restaurants vor kunstvoll angerichteten Tellern und haben uns heimlich an eine Pommesbude in Kreuzberg gewünscht. Das kann bei diesem Essen nicht passieren (es sei denn, ihr habt Hunger auf Pommes). Knackiger Rettich in einer würzigen Soße – mehr braucht es gar nicht, um jemandem ein Lächeln aufs Gesicht zu zaubern. Das wussten auch die Mönche im Shaolinkloster in Dengfeng. Wahrscheinlich haben sie uns deshalb kurz vor unserer Audienz bei Shi Yongxin, dem Oberhaupt der buddhistischen Mönche in China, diesen tollen Salat serviert. Gewirkt hat es. Jedenfalls hatten wir mit Shi Yongxin eine Menge zu lachen, nicht zuletzt, als er uns von seinem Besuch bei McDonald's erzählte und plötzlich begann, von Pommes frites zu schwärmen.

500 g weißer Rettich
(z.B. Daikon oder
Bier-Rettich)
1–1½ TL Salz
5 EL Sonnenblumenkerne
1 Bund Koriander
**2 Zehen schwarzer
Knoblauch**
**4 TL salzreduzierte
Sojasoße**
2 TL geröstetes Sesamöl
Saft von 1 Limette

1 Schäle den Rettich, schneide ihn in schmale, eckige Stifte und gib sie in eine Schüssel.

2 Streue das Salz gleichmäßig über den Rettich und lass ihn 15 Minuten stehen. Drücke dann vorsichtig das entzogene Wasser aus.

3 Während der Rettich steht, röste die Sonnenblumenkerne ohne Fett in einer Pfanne und stelle sie zur Seite. Hacke den Koriander.

4 Schäle den Knoblauch und vermenge ihn mit Sojasoße, Sesamöl und dem Limettensaft zu einer Soße. Die Zehen sind ganz weich, du kannst sie gut unter die Flüssigkeit quirlen.

5 Schütte eventuell noch mal entzogenes Wasser beim Rettich ab und mische dann alle Zutaten in der Schüssel.

KALTER SZECHUAN-ROSENKOHL

Mit Rosenkohl ist das so eine Sache: Entweder liebt man ihn oder man hasst ihn. Gehört man wie Daniel eher zur zweiten Riege, kann man nur auf einen Bekehrmoment hoffen. Und für genau so einen ist kaum ein Laden prädestinierter als das versteckte *Fine Food* in Zhengzhou, eine Art Privatrestaurant, zu dem man nur Zutritt erhält, wenn man zu einem ausgewählten Personenkreis gehört – oder deren Gast ist. Unsere Eintrittskarte war Mr. Wang, ein schwerreicher Bekannter eines chinesischen Freundes, dem mehrere Restaurants und ganze Büroviertel in Zhengzhou gehören. Er bestellte an diesem Abend für uns das Menü, unter anderem dieses Gericht. Doch mit den muffig-moosgrünen Kugeln aus Daniels Kindertagen, die im Mund sofort zerfielen, weil sie zu lang in Dose und Topf schwammen, haben diese Köpfchen kein einziges Geschmacksprozent gemein. Die kleinen Köhler waren grasgrün, unfassbar knackig und überzeugten selbst die Rosenkohlgegner am Tisch durch leichte Schärfe – die kohleigene und jene von frischen Chilis und betörendem Szechuanpfeffer.

3 Chilis
3 Knoblauchzehen
600 g Rosenkohl
1 EL Szechuanöl
 (alternativ: 1 EL Pflanzenöl + ¼ TL gemahlener Szechuanpfeffer)
2 EL Dumplingessig
schwarzer Pfeffer
Salz

1 Schneide die Chilis in Ringe. Schäle, zerdrücke und hacke den Knoblauch.

2 Putze den Rosenkohl und ritze die Köpfchen kreuzförmig ein.

3 Gib ihn 1–2 Minuten in kochendes Wasser. Stelle in dieser Zeit eine Schale mit eiskaltem Wasser bereit. Gieße nun das Kochwasser ab und lege den Rosenkohl in das eisige Wasser.

4 Lass den Kohl abtropfen und mische ihn mit dem Szechuanöl, Chili, Knoblauch und dem Essig. Würze mit frisch gemahlenem Pfeffer und Salz nach deinem Geschmack.

FEUERVOGEL-TOFU

Alles, was in diesem Buch steht, begann als Idee in einem veganen, chinesischen Restaurant in Berlin-Schöneberg. Wir brüteten anfangs Hirngespinste, später greifbare Arbeitsschritte über einer Kombination von drei tollen Gerichten aus, die wir immer und immer und immer wieder bestellten – egal, wie oft wir uns vornahmen, mal etwas anderes zu essen. Nach einigen Wochen nannten wir unsere Bestellung einfach nur noch »das magische Dreieck«. Sam, der damals noch in dem Restaurant kellnerte, hat es sogar ein paarmal gebracht, das magische Dreieck bereits in der Küche zu ordern, als er uns beim Anschließen unserer Räder vor dem Laden sah. Dabei hat er uns einmal als viertes Gericht diesen Tofu mit auf den Tisch gestellt. Von da an hatte das Dreieck einen neuen, ständigen Begleiter – und wurde zum »magischen Viereck«. Auf unserem Roadtrip in China haben wir ihn oft wiedergefunden und bestellt. Allerdings hat er nur ein einziges Mal besser geschmeckt als in Berlin: in Fenghuang – der Stadt des Feuervogels.

1 kleine Schalotte
1 Knoblauchzehe
1 TL Erdnussöl
2–3 EL Erdnussmus
  (crunchy)
80–100 ml Wasser
1 EL helle Sojasoße
2 TL klarer Reisessig
½ TL Sriracha
Saft von ½ Limette
½ TL Reissirup
300 g Gewürztofu
½ Bund Koriander

1 Schäle die Schalotte und den Knoblauch, hacke beides ganz klein und röste die Würfelchen in einem Topf mit Erdnussöl an.

2 Nun rühre alle Zutaten, außer den Gewürztofu und den Koriander, unter die Zwiebelwürfel (magst du die Soße schön dick, nimm 3 EL Nussmus; möchtest du sie lieber etwas sämiger, rühre nur 2 EL unter), lass alles kurz aufköcheln und nimm die Soße vom Herd. Lass sie abkühlen, bis sie lauwarm ist.

3 Die Zeit kannst du prima nutzen, um den Gewürztofu in ganz schmale Streifen zu schneiden und den Koriander zu hacken.

4 Nun musst du nur noch den Tofu auf einen Teller geben, die lauwarme Soße drübergießen und alles mit den Korianderblättchen bestreuen. Lass es dir schmecken!

Luoyang .
洛阳

VON PEKING NACH LUOYANG

Die Fahrt von Peking nach Luoyang nahm einen kompletten Tag in Anspruch. Das lag zum einen an der Strecke von 800 Kilometern, zum anderen an den schlechten Sichtverhältnissen. Dichter Nebel sorgte dafür, dass der Verkehr auf der Autobahn lahmgelegt wurde und wir einige Stunden irgendwo im Nirgendwo festhingen – nervig, aber völlig normal in China. Stimmungsretter war das skurrile Video zum Mando-Popsong »Xiao Pingguo« (Kleiner Apfel) von den Chopstick Brothers, das in Dauerschleife auf dem Navi-Bildschirm lief und in dem die Themen plastische Chirurgie, Meerjungfrauen, Wehrpflicht sowie Adam und Eva vollkommen schlüssig miteinander verwoben werden. Das Stück ist ein fieser Ohrwurm, seit Jahren ein Hit und begleitete uns die gesamte Reise hinweg: Ob im Café oder Einkaufszentrum, ob zur Abendgymnastik alter Omas im Park oder eben bei uns im Wagen – die Chopstick Brothers lieferten den stets passenden Soundtrack dazu.

Nach einem ganzen Tag auf dem engen Autorücksitz kamen wir abends gerädert in Luoyang an und waren sehr gespannt auf das gemeinsame Zuhause von Sam und Xiao. Sam hatte viele Jahre in Berlin gelebt und war erst einige Monate vor Beginn unserer Reise zurück nach China und zu seiner Freundin gezogen. Ihre gemeinsame Wohnung in einer oberen Hochhausetage war dementsprechend klein. Ins Schlafzimmer passte gerade so ein Doppelbett, und auch das Wohnzimmer mit dem schmalen Gästesofa bot nicht viel mehr Platz. Rückzugsmöglichkeiten: null. Umso erleichterter waren wir, als die beiden uns anboten, im Schlafzimmer zu übernachten. Wenn man wochenlang permanent aufeinanderhängt, lernt man selbst den kleinsten Hauch von Privatsphäre vollkommen neu zu schätzen.

Drei wichtige Erkenntnisse über Land und Leute haben wir im Verlauf unseres Aufenthalts in Luoyang gewonnen: 1. Kaum ein Chinese spricht Englisch. 2. Chinesen sind wahnsinnig hilfsbereit. 3. Punkt 1 hält Chinesen nicht von Punkt 2 ab. Als wir eines Nachts an einer befahrenen Kreuzung Fotos machten, begann es zu regnen. Um die Kamera zu schützen, hielt Caro eine Tüte darüber. Eine Passantin sah uns, reichte uns ihren Regenschirm und gab uns mit Händen und Füßen zu verstehen, dass wir ihn doch bitte nehmen und behalten mögen. Noch bevor uns die Vokabel für »Danke!« einfiel (Xièxie), überquerte sie bereits ohne ihren Schirm die Straße und verschwand in der verregneten Nacht.

Ein weiteres Beispiel für die chinesische Hilfsbereitschaft war Amy, die in einem Café arbeitete, das wir allmorgendlich aufsuchten. Wir brauchten noch ein Weihnachtsgeschenk für Sam und Xiao, und weil die beiden seit Tagen von einem erholsamen Spa-Besuch nach unserem Trip sprachen, wollten wir ihnen dafür einen Gutschein schenken. Hört sich einfach an, ist es

aber nicht, wenn man Chinesisch weder sprechen noch lesen kann und auch mit Englisch nicht weit kommt. Amy konnte zumindest ein paar Brocken, weshalb wir sie um Hilfe baten. Und sie half uns: Sie suchte ein tolles Spa in der Nähe heraus, checkte telefonisch die Konditionen, bezahlte online und streckte uns auch noch das Geld vor, obwohl sie uns kaum kannten. Über WeChat (das chinesische WhatsApp) erkundigte sie sich später sogar, ob alles geklappt hatte.

Aber wir machten natürlich auch einige kulinarische Entdeckungen: In einem buddhistischen Szenerestaurant (ja, das gibt's) wurde uns von dem Brüderpaar Giang und Hua die tolle Süßkartoffelsuppe »Yin und Yang« (Rezept siehe Seite 92) aufgetischt, wir aßen auf einem riesigen Streetfood-Markt köstliche »Drachenboote« (Rezept siehe Seite 130) und haben sogar ein so leckeres Gericht gefunden, das wir ganz bescheiden einfach mal nach uns benannt haben: Karo(tten)-Dan-Dan (Rezept siehe Seite 135).

KLEINE SPEISE — FÜR 4 BROTE — ZUBEREITUNGSZEIT CA. 45 MINUTEN + 30 MINUTEN RUHEZEIT

HANDBROT MIT MISO-HUMMUS

So wie es in Deutschland etablierte Gerichte gibt, die ihren kulturellen Ursprung woanders haben (wie der Döner in Berlin), so gibt es das auch in China. Dazu gehören zum Beispiel der tolle Papayasalat, der eigentlich aus Laos kommt (Rezept siehe Seite 129), und dieses orientalische Handbrot. Zum ersten Mal sind wir in Hangzhou, der Stadt des Drachenbrunnentees, darauf gestoßen. Wir hatten den Straßenverkäufer noch gar nicht gesehen, als uns der süßlich aromatische Duft des knusprigen Brotes in die Nase stieg und wir gleichzeitig suchend alle Richtungen nach seiner Herkunft abscannten. Die Erklärung stand um die Ecke: ein Streetfood-Verkäufer mit einem Tandur-Ofen. Diese traditionellen Holzkohleöfen kennt man vor allem aus der indischen, arabischen und persischen Küche, sie werden aber eben auch in China verwendet. Das Besondere daran: Man befüllt ihn von oben und klatscht den Backwarenteig an die Ofeninnenwand – und genau daran klebte dieses fantastische Brot, das mit leckerem Miso-Hummus gereicht wurde. Es gibt ein chinesisches Sprichwort über Hangzhou, das mit dem Westsee im Zentrum und den umliegenden Teeplantagen als eine der schönsten Städte Chinas gilt. Es lautet: »Oben im Himmel gibt es das Paradies, unten auf der Erde gibt es Hangzhou.« Und mit diesem Handbrot kommst du dem kulinarischen Himmel schon ziemlich nah – auch ohne Tandur.

360 g Mehl + etwas für die
   Arbeitsfläche
1 TL Salz
220 ml Wasser
100 g Walnusskerne
4 Frühlingszwiebeln

2 große Knoblauchzehen,
   gehackt
5 EL Erdnussöl zum
   Anbraten
8 EL Pflaumenwein
6 TL Gojibeeren

1 Prise Salz
1 Prise schwarzer Pfeffer

1 Mische das Mehl mit 1 TL Salz und dem Wasser in einer Schüssel zu einem Teig.

2 Gib ihn auf eine bemehlte Arbeitsfläche und knete ihn etwa 5 Minuten mit den Händen kräftig durch.

3 Leg den Teig zurück in die Schüssel, bedecke sie mit einem feuchten Tuch und stelle sie 30 Minuten zum Ruhen zur Seite.

4 Hacke die Walnusskerne grob und röste sie in einer Pfanne ohne Fett schön braun.

5 Schneide die Frühlingszwiebeln in Ringe und lege das Weiße und das Grüne getrennt voneinander beiseite. Hacke den Knoblauch und gib ihn zu den weißen Frühlingszwiebelringen.

6 Erhitze 1 EL Öl in eine Pfanne und brate das Weiße der Frühlingszwiebeln und den Knoblauch glasig an. Gib dann die Gojibeeren dazu und lösche mit dem Pflaumenwein ab. Lass alles kurz einköcheln, bis die Flüssigkeit verdampft ist. Rühre immer mal um und würze mit Salz und Pfeffer.

7 Nun sollte auch der Teig fertig sein. Teile ihn in 4 gleich große Stücke und drittele nun jedes einzelne Stück (sodass du insgesamt 12 Teigteile hast). Für 1 Handbrot brauchst du 3 Stücke.

8 Nimm das erste Stück und rolle es gleichmäßig und dünn (aber nicht zu dünn, sonst reißt der Teig) in der Größe einer kleinen Pfanne aus (dafür wirst du Mehl zum Bestäuben der Arbeitsfläche brauchen) und leg den Fladen beiseite. Wiederhole den Vorgang, bis du 3 Teigfladen hast.

9 Auf den ersten gibst du nun ein Viertel der Frühlingszwiebelreduktion sowie ein Viertel der grünen Zwiebelringlein. Lege den zweiten Fladen direkt obendrauf, drücke beide Scheiben an den Rändern zusammen und rolle mit dem Teigroller darüber, um die Fladen zu verbinden. Streue ein Viertel der gerösteten Walnusskerne obendrauf und leg den letzten Fladen als Deckel drauf. Press die Ränder wieder zusammen und den gesamten Dreifachfladen mit den Händen gut platt. Dein erstes Handbrot ist nun fertig.

10 Auf diese Weise bereitest du den restlichen Teig auch zu (ab Punkt 8), sodass du am Ende 4 Handbrote hast.

11 Jetzt kannst du jedes Brot in je 1 EL Öl in der Pfanne von beiden Seiten goldig braun backen und dann mit Hummus und den Röstzwiebeln servieren.

FÜR DEN MISO-HUMMUS
FÜR 4 PERSONEN

1 Dose Kichererbsen
1 große Knoblauchzehe
20 g chinesische Sesam-
paste
2 EL Olivenöl
½ TL Kreuzkümmel
Saft von 1 Limette
50 g helles Miso
Meersalz
schwarzer Pfeffer
1 EL heller und schwarzer
Sesam
1 EL geröstetes Sesamöl

1   Wasche die Kichererbsen in einem Sieb und lass sie ab-tropfen.

2   Schäle den Knoblauch und gib ihn mit den Kichererbsen, der Sesampaste, 1 EL Olivenöl, Kreuzkümmel, Limettensaft, 130 ml Wasser und Miso in den Mixer und püriere alles zu einem dicken Brei.

3   Schmecke mit Salz und frisch gemahlenem Pfeffer nach deinem eigenen Geschmack ab.

4   Röste den Sesam ohne Fett langsam an. Pass auf, dass er nicht anbrennt, das macht ihn bitter. Bei den weißen Körnchen kannst du den Röstgrad gut erkennen und so sehen, wann er fertig ist.

5   Gib nun den Hummus in eine Schüssel, gieße 1 EL Olivenöl und das geröstete Sesamöl drüber, garniere mit Sesam, frisch gemahlenem Pfeffer und ein paar Meersalzflocken.

FÜR DIE RÖSTZWIEBELN

2 Zwiebeln
2 EL Mehl
4 EL Erdnussöl

1   Schäle die Zwiebeln und schneide sie in möglichst hauch-dünne Scheiben. Wälze sie gleichmäßig in Mehl.

2   Erhitze das Erdnussöl und röste die Zwiebeln darin auf mittlerer Hitze an, bis sie rundum schön braun sind. Falls du Röstzwiebeln so richtig kross liebst, schiebe sie einfach ein paar Minuten in den Ofen [200 Grad; Umluft: 180 Grad]. Wichtig: Lass die Ofentür einen kleinen Spalt offen, damit die Feuchtigkeit abziehen kann. Danach hast du krachig knusprige Röstzwiebeln – ein tolles Topping für den Hummus.

FRUCHTIGE MELONENSCHALE

Man sagt den Chinesen nach, dass sie alles essen würden. Doch dieses nicht ganz falsche Vorurteil ist fast immer negativ konnotiert. Dabei könnte man sich von dieser Haltung eine Scheibe abschneiden: In China ist es nämlich üblich, so viel wie möglich von einem Lebensmittel zu verbrauchen und somit so wenig wie möglich zu verschwenden. Das finden wir großartig – und wollen dir das perfekte Rezeptbeispiel dafür vorschlagen: ein ideales Sommer- und Resteessen. Wirf beim nächsten Mal, wenn du eine Wassermelone isst, Schale und Kerne nicht weg, denn du kannst daraus einen tollen Salat machen. In China werden die Kerne außerdem nicht nur geröstet und als Topping verwendet (so, wie wir's mit Kürbiskernen machen), sondern getrocknet und fein zermahlen als Pulver in Smoothies gerührt oder als Tee aufgegossen. Sie stecken voller Vitamine, Mineralstoffe und ungesättigter Fettsäuren und sind gut für die Harnorgane.

3 EL schwarzer Sesam

Schale von 2 kg Wasser-
melone (ergibt etwa
500 g Schale)

½ großer fester säuerlicher
Apfel (z.B. Jonagold oder
Granny Smith)

5 EL heller Reiswein

5 EL Sojasoße

2 EL Sesamöl

1 Prise Salz

ggf. 1 Prise Zucker

1 Röste die Sesamsamen in einer Pfanne ohne Öl und stelle sie beiseite.

2 Schneide die grüne Außenschale gründlich vom Melonenweiß ab und wirf sie weg. Schneide das Weiße in dünne Streifchen und gib es in eine Schüssel. (Das rote Fruchtfleisch wirst du sicherlich schon gegessen haben. Falls nicht – umso besser: perfekter Nachtisch!)

3 Schneide den Apfel in Viertel, entferne das Kerngehäuse und schneide das Fruchtfleisch in dünne Scheiben. Gib es zur Melone.

4 Mische Reiswein, Sojasoße, Sesamöl, Salz und gegebenenfalls Zucker (den kannst du dir sparen, falls du etwas vom süßen Melonenrot mitverwendest) und gieße die Marinade über das Obst. Lass alles ein paar Minuten ziehen und rühre immer mal wieder durch. Streue am Ende den Sesam über den Salat.

Übrigens Unsere Melonen haben ja kaum noch Kerne. Gerätst du mal an ein Exemplar mit vielen Kernen, ärgre dich nicht, sondern heb sie auf! Wasche sie einfach ab, tupfe sie trocken und röste sie in einer Pfanne ohne Fett, aber mit Salz. Gesund und crunchy!

KREUZKÜMMEL-OKRA

Chinas Hauptstadt hat einiges zu bieten – und in kulinarischer Hinsicht gehört auf jeden Fall das preisgekrönte *King's Joy* dazu. Viele halten das vegetarische High-End-Restaurants für das beste der Stadt. Und tatsächlich war jedes Gericht, jeder einzelne Bissen ein Erlebnis – wie zum Beispiel die erbsenähnlichen Samen der Stachelseerose, die es in Deutschland aber leider nicht zu kaufen gibt. Wir unterhielten uns lang mit der Auszubildenden Jinjin, die uns herumführte und das Konzept des Restaurants erklärte, das direkt neben einem buddhistischen Tempel steht: Gekocht wird nach dem alten chinesischen Mondkalender, der in 24 Einheiten aufgeteilt ist – demnach gibt es 24 wechselnde Menüs im Jahr. Jinjins Lieblingsessen auf der Karte war Kreuzkümmel-Okra, und die kriegt man easy auch bei uns. Zum Glück – denn dieses Gericht ist auch einer unserer Lieblinge geworden. Logisch, dass wir den Chefkoch Pan Jianjun direkt nach dem Rezept angeschnorrt haben. Dabei hat er übrigens erzählt, dass er ein ehemaliger Klosterschüler ist, der von seinem Meister den Auftrag bekommen hat, sein Wissen über vegetarisches und gesundes Essen in die Welt zu tragen. Voilà: Mission completed!

220 g Okraschoten
Salz
2 EL Essig
3 Frühlingszwiebeln
3 Knoblauchstängel
2 Zwiebeln
2 Knoblauchzehen
½ daumengroßes Stück
 Ingwer
4 TL Kreuzkümmel
2 EL Erdnussöl
Saft von 1 Limette
schwarzer Pfeffer

1 Wasche die Okraschoten und schneide ihre kleinen Stielkappen ab. Versuche dabei, so wenig wie möglich von der Schote zu verletzen.

2 Bringe Salzwasser in einem Topf zum Kochen, gib den Essig dazu (das sorgt dafür, dass die Schoten nicht schleimen) und blanchiere die Okra darin 2–3 Minuten.

3 Stelle eine Schüssel mit eiskaltem Wasser bereit. Gieße nun das Kochwasser weg und schrecke die Okra im eisigen Wasser ab.

4 Putze die Frühlingszwiebeln, schneide die trockenen Enden von den Knoblauchstängeln und schäle die Zwiebeln, den Knoblauch und den Ingwer. Hacke alles sehr klein. Besonders gut funktioniert das mit einem Blitzhacker.

5 Nimm die Okra aus dem Eiswasser und trockne sie vorsichtig auf Küchenpapier ab. Mörsre den Kreuzkümmel.

6 Lass das Öl in einer großen Pfanne heiß werden und brate das Kleingehackte samt Kreuzkümmel darin kurz bei mittlerer Hitze an. Presse den Saft der Limette zum Ablöschen darüber aus.

7 Nun drehe die Hitze voll auf, gib die Okraschoten in die Pfanne und brate sie 1–2 Minuten kräftig an. Rühre immer mal, damit nichts anbrennt. Mahle frischen Pfeffer darüber, salze nach Geschmack und schwenke alles in der Pfanne noch einmal durch.

TSINGTAO-PEPERONI

In Hongkongs Straßen scheinen die jungen Leute nachts mehr zu essen als zu tanzen. An allen Ecken gibt es Streetfood-Stände, mobile Garküchen und normale Imbisse, die nie zu schließen scheinen. Was den Berlinern der Späti, ist den Hongkong-Chinesen scheinbar der Streeti. In der Nacht vor unserem Rückflug nach Deutschland beobachteten wir an einem dieser Shops, mit fast meditativem Interesse, wie ein chinesisches Paar unzählige Peperoni in Bierteig ausbuk und in eine Auslage (gefühlt ohne Boden) schüttete. Kaum zog der Mann einen Korb der scharfen Schoten aus dem Öl, hatte seine Frau sie bereits über die Theke verkauft. Von einer dunklen Überführung aus schauten wir uns das Spektakel tatsächlich länger an, als uns sonst eine Folge »The Good Wife« fesselte – dann überredete ich Daniel, eine Tüte mit unserem letzten Kleingeld zu kaufen. Der Inhalt war perfektes Nachtessen: eine Kombination aus heiß, knusprig und höllisch scharf. Wenn's nicht so fettig wäre, würden wir jeden Tag Tsingtao-Peperoni backen!

100 g Kichererbsenmehl
1 gehäufter TL Fünf+Fünf-
Gewürze-Mischung
(grob gemörsert; Rezept
siehe Seite 247)
Meersalz
schwarzer Pfeffer
2 EL Pilzsoße (Rezept siehe
Seite 259. Du kannst
Pilzsoße aber auch fertig
im Asiashop kaufen.)
150 ml Tsingtao-Bier
300 g Peperoni
½–1 Flasche Erdnussöl
(je nach Topfgröße)

1 Quirle aus Mehl, Gewürzen, Salz, Pfeffer, Pilzsoße und Bier einen dickflüssigen Teig. Lass dir den Rest aus der Flasche schmecken. Prost!

2 Wasche die Peperoni und wische sie mit Küchenpapier ordentlich trocken.

3 Erhitze das Öl in einem Topf.

4 Wenn es heiß genug zum Frittieren ist, tauche die Peperoni in den Teig und backe sie im heißen Öl nacheinander knusprig aus. Streue etwas Meersalz über die fertigen Peperoni.

GURKEN-KIMCHI

Kimchi gilt als Klassiker der koreanischen Küche, aber wer hat's erfunden? Klar, die Chinesen. Die erste schriftliche Erwähnung einer kimchi'esken Zubereitung von Gemüse findet sich zumindest im »Buch der Lieder« (10. bis 7. Jahrhundert v. Chr.), einem der fünf Klassiker der chinesischen Literatur und die älteste Gedichtsammlung aus dem Reich der Mitte. Darin wird das Einlegen einer Gurke erwähnt, und wir sind uns fast sicher: Damit kann eigentlich nur dieses Rezept gemeint sein.

80 g Meersalz
6 Einlege- oder Minigurken
50 g Schnittknoblauch
   (alternativ: Schnitt-
   lauch)
1 kleine Möhre
½ daumengroßes Stück
   Ingwer

1 kleine Zwiebel
1 TL Sesam
2 EL Chiliflocken
½ TL feines Meersalz
¼ TL Rübenzucker
¼ TL Zimt
1 Msp. gemahlener
   Kardamom
2 EL Kapernwasser

AUSSERDEM
1 Einmachglas (1 l)

1 Gib 1 l Wasser in eine Schüssel und löse die 80 g Salz darin auf. Wasche die Gurken und schneide gegebenenfalls ihre Enden, auf jeden Fall aber den Stiel ab. Dann schneide mit einem scharfen Messer jede Gurke der Länge nach kreuzweise ein, aber nur bis 1 oder 2 cm vor ihrem Ende (nicht ganz durchschneiden!), sodass 4 Spalten entstehen, die an einer Seite zusammengehalten werden.

2 Lege die eingeschnittenen Gurken 30–60 Minuten (je dicker, je länger) ins Salzwasser. Achte darauf, dass sie komplett mit Wasser bedeckt sind. Lege am besten einen Teller oben drauf, der die Gurken nach unten drückt. Nach Ablauf der Zeit teste, ob sich die Gurkenspalten biegen lassen, ohne zu brechen. Ist das der Fall: top!

3 Die Zwischenzeit kannst du prima nutzen, um die Füllung zuzubereiten. Hacke den Schnittknoblauch in 1 cm große Stücke, schneide die Möhre in feine Juliennes, schäle und hacke den Ingwer und schneide die Zwiebel in hauchdünne Streifen.

4 Röste den Sesam in einer Pfanne ohne Öl kurz an und vermenge ihn mit Chiliflocken, ½ TL Meersalz, Zucker, Zimt und dem gemahlenen Kardamom.

5 Nun mische das zerkleinerte Gemüse mit den Gewürzen, gib das Kapernwasser dazu und lass die fertige Füllung kurz ziehen. Schmecke sie dann ab und würze gegebenenfalls nach.

6 Gieße die nun weichen Gurken durch ein Sieb ab, fülle die Schüssel erneut mit Wasser und wasche die Gurken darin ordentlich ab. Gieße auch das Wasser weg.

7 Drück die Gurken vorsichtig mit den Händen aus und fülle sie mit der Gemüse-Gewürz-Mischung (etwa 2–3 EL pro Stück). Das funktioniert gut, wenn du die Gurken auf einen Teller oder ein Brett legst, die untersten beiden Spalten als »Boden« zusammendrückst, die Füllung draufgibst und die beiden oberen Spalten darüber zusammenschließt.

8 Nimm ein Einmachglas, lege es auf die Seite und schiebe die Gurken vorsichtig hinein. Falls Füllung übrig bleibt, verteile sie in den Zwischenräumen. Jetzt ab in den Kühlschrank mit dem Glas und warten. Nach 3 Tagen kannst du sie verspeisen. Für Ungeduldige: Sie schmecken auch nach 24 Stunden schon gut!

GROSSES LAND, KLEINE UNTERSCHIEDE
BESONDERHEITEN DER CHINESISCHEN ESSKULTUR

Eine Sache haben wir nach unserer Ankunft in Peking direkt gemerkt: China ist anders. Und isst anders – auch wenn man das Ausmaß dessen manchmal erst auf den zweiten Blick erkennt. Die chinesische Kultur hat sich vollkommen autark von der westlichen entwickelt – und das merkt, sieht, hört, riecht und schmeckt man an jeder Straßenecke. Ein paar der offensichtlichsten und spannendsten Unterschiede, auf die wir im Verlauf unserer Reise immer wieder gestoßen sind, haben wir hier aufgeschrieben.

ESSSTÄBCHEN

Chinesen essen mit Stäbchen, klar. Warum das so ist, konnte uns aber niemand beantworten – bis wir am Ende unserer Reise in Hongkong Joseph Tso kennenlernten. Als Geschäftsführer einer familienbetriebenen Porzellanma-

nufaktur, die seit 1928 besteht und eine der letzten ihrer Art in ganz China ist (mehr dazu auf Seite 229), setzt er sich seit seiner Kindheit tagtäglich mit Besteck und Geschirr auseinander. Er konnte uns aufklären. »Weil Brennholz häufig knapp war, wurde das Essen schon vor dem Kochen in kleine Stücke geschnitten und nicht erst auf dem Teller. So wurde es im Topf schneller gar und machte ein Messer beim Essen überflüssig. Da man die heißen Stückchen aber nicht mit den Fingern aus dem Topf fischen konnte, benutzte man Zweige – die Vorläufer der heutigen Essstäbchen.« Etwa 1,2 Milliarden Menschen essen heute weltweit mit Stäbchen. Nur 900 Millionen nutzen Messer und Gabel. (Und wer sich jetzt fragt, was mit den anderen fünf Milliarden Menschen ist: Die nehmen die Hände.)

»Essen mit Stäbchen macht schlau«, ist Joseph überzeugt, »weil dabei dreißig verschiedene Muskeln zusammenarbeiten und vom Kopf koordiniert werden müssen.« Und nicht ohne Stolz ergänzte er: »Meine Söhne konnten schon im Alter von drei Jahren mit Stäbchen essen – und bei uns gab's oft Erbsen.«

Natürlich gibt es beim Benutzen von Essstäbchen auch einige Benimmregeln zu beachten, das ist bei uns Messer- und-Gabel-Essern ja nicht anders. Folgende wurden uns als wichtig eingeimpft:

- Wenn du die Stäbchen vor oder während des Essens ablegst, dann nie direkt auf den Tisch – der gilt als schmutzig. Außerdem sollen die Spitzen immer vom Essenden wegzeigen und nie ordentlich nebeneinanderliegen – das bringt Unglück.
- Benutze die Stäbchen nicht als Pieker! Das wirkt ungebildet. Sam hat sich allerdings oft einen Spaß daraus gemacht und es trotzdem getan – hat niemanden gejuckt.
- Niemals mit den Stäbchen gegen Schalen, Gläser oder Teller schlagen – auch wenn du vorhast, eine Tischrede zu halten. Das wird mit Betteln assoziiert und ist nicht gern gesehen.
- Und spieße die Stäbchen auf keinen Fall senkrecht in eine Essensschale! Da das an Räucherstäbchen bei einer Trauerzeremonie erinnert, wird es als Omen für einen anstehenden Todesfall aufgefasst.

Interessant in Bezug auf Essstäbchen war auch unser Aufeinandertreffen mit Yinan, der Besitzerin einiger vegan-buddhistischer Restaurants in Peking. Die trägt nämlich stets ihre eigenen Stäbchen in einem seidenen Täschchen bei sich. Ob in Restaurants, zum Essen bei Freunden oder Familie – sie benutzt nur dieses Paar (eins aus Jade übrigens, das sie zur Hochzeit geschenkt bekommen hat. Edle Stäbchen sind ein beliebtes Präsent, weil es Zweisamkeit symbolisiert). Was wir anfangs als sympathischen Spleen abgetan haben, ist in Wirklichkeit sehr vorausschauend und umweltbewusst: Denn in China werden jährlich 45 Milliarden Essstäbchen verbraucht, was etwa 25 Millionen ausgewachsener Bäume entspricht.

WOK

Der Wok ist nicht nur in China, sondern in ganz Asien eins der wichtigsten Kochutensilien. Dank seiner runden Form wird Hitze besser weitergeleitet. Die vergrößerte Oberfläche reduziert damit die Garzeit der Zutaten. Voraussetzung ist jedoch: Viel Hitze, kurz rösten, gut schwenken. So bleibt Gemüse knackig, aromatisch und behält seine Nährstoffe – und man benötigt kaum Fett. Auch wir kochen gern im Wok, auf unserem Elektroherd ist das aber nicht dasselbe wie in China, wo man auf Feuer kocht. Wer also einen Gasherd hat: perfekt! Doch auch ohne funktioniert das Kochen chinesischer Rezepte im Wok besser als im Topf: Dazu einfach alle Zutaten in kleine Stücke schneiden, den Wok stark erhitzen, etwas Öl rein, Zutaten rein (nacheinander, entsprechend ihrer Garzeit), ständig rühren oder – wer's kann – schwenken, Gewürze dazu, fertig. Schnell, gesund, lecker.

GEMEINSCHAFT

Essen in China ist ein Gemeinschaftsding. Zum einen weil Geselligkeit mehr Spaß macht, zum anderen weil die Chinesen nie (!) nur ein Essen pro Person (wie im Westen üblich) bestellen. Man bestellt immer mehrere (und daher auch kleinere) Gerichte, die sich dann alle Anwesenden teilen. Für uns perfekt, denn so konnten wir bei jeder Mahlzeit gleich verschiedene Sachen auf einmal probieren. Etwas verdutzt waren wir anfangs darüber, dass Xiao ständig Sams Schälchen auffüllte – wie eine Mutti. Das gehört sich bei Paaren aber so: Essen geben heißt Liebe geben.

GEMÜTLICHKEIT

Gemeinschaft ja, Gemütlichkeit nein – gedimmtes Licht, eine stimmige Inneneinrichtung, gemütliche, kleine Restaurantnischen findet man höchstens vereinzelt in hippen Großstadtläden. Ein Großteil der Restaurants in China wartet stattdessen mit quietschiger Kunststoffdeko (die häufig noch komplett eingeschweißt in den Ecken steht oder in Form von Bildern an den Wänden hängt) und 200-Watt-Neonbeleuchtung auf. Aber das muss man pragmatisch sehen: 1. Durch die Geschmacklosigkeit in Stilfragen kommt die kulinarische Qualität viel besser zur Geltung. 2. Unter den Leuchtröhren sieht man stets, was auf den Tisch kommt.

KRACH, SCHMATZ, SCHNÄUZ

Passend dazu: die Lautstärke in vielen Restaurants. Und die hatte nicht nur mit den großen Besuchergruppen zu tun, sondern auch damit, dass die Chinesen hingebungsvoll schmatzen und schlürfen. Jeremy, ein Freund von Sam, erklärte uns das: »Wenn man Heißes isst und den Mund aufmacht, kühlt es – deshalb schmatzen. Wenn man beim Suppeessen gleichzeitig Luft und Brühe aufnimmt, kommt der Geschmack besser zur Geltung – deswegen schlürfen.« Was allerdings gegen die chinesische Etikette verstößt: Naseputzen am Tisch – erst recht, wenn man die benutzte Rotzfahne anschließend wieder in die Hosentasche stopft. Zum Naseputzen soll man stattdessen gefälligst auf dem Klo verschwinden.

SUPPEN

PFEFFERSUPPE – SUAN LA FEN

Je älter man wird, desto seltener passieren Dinge zum ersten Mal: der erste Kuss, die erste Reise ohne Begleitung, das erste chinesische Essen ohne süßsaure Soße. Fast alles hat man schon einmal erlebt, gesehen, gehört und gekostet. Fast alles – doch dann bestellten wir Suan La Fen! Die Schüssel, die uns der Kellner daraufhin an den Tisch brachte, verströmte nicht nur ungewöhnlich exotische Düfte, das Essen darin glich einem Feuerwerk im Mund: aufregend, prickelnd, die Zunge betörend. Nach jahrelangem Kochen, unzähligen Restaurantbesuchen und vielen Reisen schmeckten wir hier wieder etwas zum allerersten Mal!

60 g Stiele von Trocken-
  pilzen
125 g dicke Süßkartoffel-
  Glasnudeln
2 EL gesalzene Erdnuss-
  kerne
2 Knoblauchzehen
½ daumengroßes Stück
  Ingwer
4 Shiitake

2 mittelgroße Kräuterseitlinge [Suche welche
  raus, die möglichst dicke
  Stiele und kaum Kappe
  haben, da du hier das
  feste Fleisch der Stiele
  benötigst.]
100 g Seitan
4 EL Szechuanöl
  [Rezept siehe Seite 248.
  Alternativ: Pflanzenöl
  + ½ TL gemahlener
  Szechuanpfeffer]

2–3 TL gemahlener
  Szechuanpfeffer
1 TL Chiliflocken
1,2 l Gemüsebrühe
  [Rezept siehe Seite 255.
  Du kannst aber natürlich
  auch andere Gemüse-
  brühe verwenden.]
8 EL Dumplingessig
3 EL helle Sojasoße
3 EL dunkle Sojasoße
4 EL heller Reiswein

1 gestr. EL Speisestärke
1 TL frisch und grob
  gemahlener schwarzer
  Pfeffer

1 Leg die Trockenpilze in heißes Wasser und lass sie 20 Minuten einweichen. Bringe währenddessen Wasser auf dem Herd zum Kochen und gare die Nudeln darin (je nach Packungsangabe) 5–7 Minuten. Wenn sie fertig sind, brause sie kalt ab, um den Garprozess zu stoppen.

2 Hacke die Erdnüsse grob und röste sie ohne Fett schön braun. Stelle sie zur Seite.

3 Schäle Knoblauch und Ingwer, schneide die Shiitake und Seitlinge grob klein und gib alles in einen Blitzhacker oder Mixer, um es klein zu hacken. Pass auf, dass die Masse stückig bleibt und nicht breiig wird.

4 Würfle den Seitan ganz klein.

5 Drücke die eingeweichten Trockenpilze gut aus und schreddre sie im Mixer klein, bis sie faserig aussehen.

6 Erhitze das Szechuanöl in einem Wok oder einer großen Pfanne mit hohem Rand und röste die Knoblauch-Ingwer-Pilzmischung, die Seitanwürfelchen und die faserigen Trockenpilzstiele darin an.

7 Rühre Szechuanpfeffer, Chiliflocken und eine kleine Kelle von der Gemüsebrühe dazu und brate alles, bis die Brühe verdampft ist. Wiederhole den Vorgang drei- bis viermal und gieße dann den Rest der Brühe auf.

8 Nun rühre Essig, die Sojasoßen und den Reiswein unter. Mische 1–2 EL Wasser an die Speisestärke und lass sie unter Rühren in die Suppe laufen. Nimm sie vom Herd.

9 Gib die Süßkartoffelnudeln hinein und rühre den grob gemahlenen schwarzen Pfeffer unter. Verteile die Suppe auf Schüsseln und garniere sie mit den Erdnüssen.

PEKINGSUPPE SHANGHAI

Sie ist eine kleine Berühmtheit in Deutschland: die Pekingsuppe. Neben Ente süßsauer steht sie nicht nur unumstößlich für die chinesische Küche, sondern auch in jedem China-Restaurant auf der Karte. Dabei hat in China selbst noch niemand von der Pekingsuppe gehört. Dort heißt die angedickte Suppe Suan La Tang und ist eine Sauer-Scharf-Suppe. Sie wird nicht nur in der Hauptstadt Peking, sondern im gesamten Westen und Norden feilgeboten und ähnelt der Tom Yam aus Thailand und Laos. Um noch mehr Orte ins Rennen zu werfen: Wir haben diese Suppe zum ersten Mal im *Lost Heaven* in Shanghai gegessen, einem Restaurant, das Gerichte aus der Region Yunnan anbietet, die an Laos grenzt – und da schließt sich der Kreis. Die beste Suan La Tang hatten wir allerdings etwas später am selben Abend, in der Silvesternacht in der *East Eatery*. Yoshi, die koreanische Frau des deutschen Spitzenkochs Stefan Stiller (na, endgültig verwirrt?), stellte sie uns neben einem großartigen Mapo-Tofu und Kürbis-Rote-Beete-Mixed-Pickles auf den Tisch. Die perfekte kulinarische Begleitung in ein neues Jahr – oder einfach zu einem wunderbaren Abend mit Freunden.

20 g getrocknete
   Lilienblüten
2 Chilis
1 kleine Bambusspitze
50 g frische asiatische
   Pilze (z.B. Shiitake und
   Shimeji)
50 g weißer Tofu (Im
   Aisamarkt gibt's Firm
   Tofu, der ist härter als
   Seidentofu, aber weicher
   als unser westlicher
   fester Naturtofu. Genau
   diesen benötigst du.)

80 g Gewürztofu
1,2 l Gemüsebrühe (Rezept
   siehe Seite 255. Hast du
   keine frische vorbereitet,
   nimm die, die du dahast.)
¼ TL weiße Pfefferkörner
1 ½ EL klarer Reisessig
4 EL Dumplingessig
½ EL dunkle Sojasoße
½ EL helle Sojasoße
1 TL geröstetes Sesamöl
½ gestr. TL Salz
1 Prise Zucker
200 g passierte Tomaten

50 g Mungbohnensprossen
15 g Speisestärke
1 Frühlingszwiebel
2 Halme Schnittknoblauch
1 ½ EL Vollkornhefeflocken
1 Limette

1 Weiche zuerst die getrockneten Lilienblüten in heißem Wasser ein.

2 Schneide die Chilis in Ringe und die Bambusspitze und Pilze in mundgerechte Stücke. Würfle den weißen Tofu und schneide den Gewürztofu in ganz schmale Streifen.

3 Setze einen Topf auf uns bringe die Gemüsebrühe zum Kochen.

4 Mahle den weißen Pfeffer im Mörser oder der Mühle und mische ihn mit Reisessig, Dumplingessig, den Sojasoßen, Sesamöl, Salz und Zucker. Gieße das Einweichwasser der Lilienblüten ab. Sobald die Brühe kocht, gibst du alle vorbereiteten Zutaten hinein – plus der Tomaten und Sprossen.

5 Verquirle die Speisestärke mit 60 ml Wasser und gieße die Mischung langsam unter Rühren in die Suppe. Lass alles auf kleiner Flamme 15 Minuten köcheln. Schneide schon mal die Frühlingszwiebel und den Schnittknoblauch in Röllchen.

6 Nimm die Suppe vom Herd und rühre kurz vor dem Servieren die Hefeflocken unter (die sind hitzeempfindlich, gib sie daher nicht schon während des Kochvorgangs dazu).

7 Gib nun alles auf Teller oder in Schüsseln, streue die Frühlingszwiebel-Schnittknoblauch-Mischung darüber und presse den Saft der Limette über der Suppe aus.

AUSTERNSEITLINGE

gehören zu den weltweit beliebtesten Pilzen. Drin stecken jede Menge Folsäure, Kalium und B-Vitamine, aber auch viel Geschmack. In der Natur wachsen die Pilze auf Laubbäumen, da sie aber auf Substratsäcken gezüchtet werden, kann man sie als Kulturpilz das ganze Jahr über kaufen. Sie sollten kühl und locker aufbewahrt werden, da ihre feinen Hüte schnell quetschen und dann verderben können. Angeblich sollen Austernpilze an Kalbfleisch erinnern. Wir finden: Es bedarf nicht dieses Vergleichs!

GETROCKNETE ACKERLINGE

sind die Hauptzutat für einen Klassiker der Szechuanküche: Trockenpilzpfanne (siehe Seite 151). Vorher eingeweicht, behalten die langen Stiele des Trockenpilzes einen festen, fast fleischigen Biss und werden daher auch gern klitzeklein gewürfelt als Alternative für hackähnliche Gerichte benutzt. Online oder in Asiamärkten findest du die Pilze auch unter dem Namen Velvet Pioppini.

SHIITAKE

ist in der traditionellen chinesischen Medizin der Star unter den Heilpilzen und soll vor vielen Tausend Jahren so wertvoll gewesen sein, dass er Königen und Kaisern geschenkt wurde. Heute ist der »duftende Pilz« nach dem Champignon der am häufigsten angebaute Speisepilz der Welt. Er soll laut asiatischer Naturheilkunde nicht nur bei Tumoren, Kopf- und Magenschmerzen helfen, sondern auch Yin und Yang austarieren und so für ein ausgeglichenes Qi (Lebensenergie) sorgen.

ENOKI

sind eigentlich eher in der japanischen Küche bedeutend, aber auch hier finden sich (wie so oft) die frühesten Überlieferungen in China: Als erster Pilz, der bewusst kultiviert wurde, wird der niedlich klingende Samtfußrübling bereits in der Tang-Dynastie erwähnt. Sein farbloses Aussehen verdankt das dünne, fast fadenstielige Pilzchen dem Anbau ohne Licht in Flaschen. Im Kühlschrank hält er sich bis zu zwei Wochen und wird roh in Salaten gegessen oder, um die Textur zu erhalten, erst kurz vor Garende zu heißen Speisen gegeben.

KRÄUTERSEITLINGE

sind die Pilze mit dem Biss! Oft als Alternative zu Steinpilzen empfohlen, sind sie vor allem bei Vegetariern und Veganern beliebt. Ihr fester Biss, ihre Größe, ihr Aroma – sie können emotional ein bisschen ersetzen, was Fleischesser nicht aufgeben wollen: Würzigkeit (die mit dem Begriff umami beschrieben wird) und eine dichte Textur. Ein besonderer Pilz, dem sein englischer Name King Oyster völlig gerecht wird.

SHIMEJI

schmeckt fast blumig, leicht nussig und schön würzig. Dadurch sorgt dieser Buchenpilz in Gerichten für ein tolles Aroma. Und: Er sieht auch schön aus. Am unteren Ende zusammengewachsen, wirken die vielen kleinen Stiele mit Hütchen wie ein Blumenstrauß aus Pilzen. Es gibt diverse Shimeji-Arten, bei uns werden aber hauptsächlich zwei verkauft: dunkle und helle Holzraslinge. Letztere werden wegen ihres strahlenden Weiß auch White Beech genannt.

DREI-PILZE-NUDELSUPPE

Diese Suppe war ein kleines Weihnachtswunder, denn sie hat unsere gesamte Reise gerettet. Den ersten Feiertag verbrachten wir komplett auf der Autobahn, auf dem Weg von Zhangjiajie nach Huaihua, wo wir die Familie unserer chinesischen Freundin besuchen wollten. Und ganz ehrlich: Man hätte ein sehr scharfes asiatisches Hackmesser gebraucht, um die Luft in unserem Auto zu zerschneiden – denn auf den Vordersitzen wechselten sich chinesische Schimpfwörter mit lang andauernden Schweigephasen ab. Nach ein bis zwei dilettantischen Schlichtungsversuchen von Daniel und mir bremste Sam in einem kleinen Ort ab und erklärte uns, wir würden unsere Reise ohne Auto und ohne Xiao fortsetzen und ab sofort mit dem Zug weiterreisen. Wir wissen auch nicht mehr, welches Argument am Ende zog, konnten die beiden jedoch überreden, erst mal was zu essen. Wir stolperten also schweigend in einen ehrlicherweise ziemlich heruntergekommenen, zugigen Imbiss und bestellten frustriert viermal Suppe. Als die Teller zur Hälfte leer waren, nahmen sich Sam und Xiao in den Arm und begannen, über ihren Streit zu scherzen. Da sage noch mal jemand, mit Essen gewinne man keine Kriege!

2 Knoblauchzehen
1 daumengroßes Stück
 Ingwer
80 g Taro
1–2 getrocknete Chilis
2 Nelken
2 TL Koriandersamen
3 Kardamomkapseln (grün)
2 Lorbeerblätter
1 Zimtstange

2 EL Szechuanöl (Rezepte
 siehe Seite 248. Hast du
 keins da, nimm einfach
 Pflanzenöl + ¼ TL gemah-
 lenen Szechuanpfeffer.)
800 ml Gemüsebrühe
 (Rezept siehe Seite 255.
 Du kannst aber natürlich
 auch andere Gemüse-
 brühe verwenden.)

1 EL Hoisinsoße
1 grüne Spitzpaprika
1 Pak Choi
10 Erbsenschoten
4 Halme Schnittknoblauch
¼ Bund Koriander
50 g Enoki
20 g Shiitake
20 g helle Shimeji
1 kleine Handvoll Erdnüsse

60 g Mie-Nudeln ohne Ei
Saft von 1 Limette
Salz
schwarzer Pfeffer

1 Schäle, zerdrücke und hacke die Knoblauchzehen und den Ingwer. Schäle auch den Taro und schneide ihn in sehr kleine Würfelchen.

2 Mörsre die Chilis, Nelken, Koriandersamen und die Körnchen aus den Korianderkapseln und brate die Gewürze zusammen mit Lorbeer, Zimt, Knoblauch, Ingwer und Taro auf mittlerer Stufe mehrere Minuten in Öl an. Vergiss nicht, immer mal zu rühren.

3 Lösche die Mischung mit Gemüsebrühe ab, rühre die Hoisinsoße unter und lass alles 15 Minuten vor sich hinköcheln.

4 Währenddessen kannst du die Paprika in Ringe schneiden, den Strunk vom Pak Choi entfernen, seine Blätter abtrennen und gegebenenfalls kleiner schneiden. Pule die Erbsen und hacke den Schnittknoblauch und Koriander. Putze die Pilze und halbiere die größeren Exemplare.

5 Nun nimm dir eine Pfanne und röste die Erdnüsse ohne Fett darin an. Stelle sie zur Seite.

6 Gib die Nudeln in die Suppe und lass sie (je nach Packungsangabe) etwa 5–6 Minuten in der Brühe köcheln.

7 Wenn die Nudeln bereits 2–3 Minuten mitkochen, gib die Paprika und die Pilze dazu. Lass alles weiterköcheln und gib zum Garende der Nudeln den Schnittknoblauch und den Pak Choi in die Suppe.

8 Jetzt kannst du die Limette über der Suppe auspressen, alles kräftig mit Salz und Pfeffer abschmecken und vor dem Servieren mit den gerösteten Erdnüssen und Koriandergrün bestreuen.

LANGES-LEBEN-TRINKBRÜHE

Ob in der *Yang Sheng Canting* in Zhengzhou oder im *Chan Yuan Ju*, einem buddhistischen Restaurant in Shenzhen, in dem nur Ehrenamtliche arbeiten – des Öfteren wurde uns zum Essen ungefragt ein Porzellantopf gereicht. Nahm man den Deckel ab, blickte man in eine Brühe, in der Pilze, Bohnen, Trockenobst und Ginseng (die Heilwurzel der Chinesen) schwammen. Die sogenannte Langes-Leben-Trinkbrühe ist eine Mischung aus Suppe und Tee, ein nahrhaftes Getränk, das dank der Feigen und Datteln süß und durch die Pilze, Bohnen und Yams trotzdem herzhaft schmeckt. Es steckt voller Zutaten, die in der traditionellen chinesischen Medizin für Kraft, Gesundheit und, genau, langes Leben stehen. Während hierzulande Brühen neu entdeckt und speziell Knochenbrühen plötzlich hip werden, trinken die Chinesen schon seit jeher dieses Getränk. Und zwar tierfrei – quasi die Knochenbrühe der Veganer.

10 bunte Riesenbohnen
1 daumengroßes Stück Ingwer
40 g dünne Yams (chinesische Yams)
4 Shiitake
1 getrocknete Feige
10 g getrocknete Lilienwurzel
1 Sternanis
1 Ginsengwurzel (ca. 10 g)
2 Jujube (chinesische rote Datteln)
12 g Gojibeeren
Salz

1 Weiche die dicken Bohnen über Nacht in Wasser ein, gieße das Einweichwasser danach weg und koche die Bohnen in 1 l frischem Wasser mindestens 1 Stunde.

2 Schäle den Ingwer und schneide ihn in schmale Streifen. Schrubbe die Schale der Yams sauber und schneide die Stange in Scheiben. Putze die Shiitake und schneide die Trockenfeige in kleine Stücke. Wasche die Lilienwurzeln unter fließendem Wasser ab.

3 Wenn die Stunde um ist, gib den Ingwer, die Pilze, die Lilienwurzeln, den Sternanis, den Ginseng und die Datteln ins Wasser zu den Bohnen und lass alles auf kleiner Stufe 20 Minuten lang köcheln.

4 Koche in dieser Zeit die Yamsstücke 10 Minuten lang in einem Extratopf. Schütte das Kochwasser danach aber weg, da die in den Knollen enthaltene Oxalsäure in das Wasser übergeht. Stelle die gegarten Stücke noch mal kurz zur Seite.

5 Gib die Feigenstücke, die Gojibeeren und etwas Salz in den Haupttopf und lass die Brühe weitere 10 Minuten köcheln.

6 Nun kannst du die Yams zur fertigen Trinkbrühe geben.

SÜSSKARTOFFELSUPPE »YIN UND YANG«

Hell und dunkel, groß und klein, süß und salzig: In der chinesischen Philosophie heißen diese Gegenpole Yin und Yang. Sie könnten unterschiedlicher nicht sein und ergeben dennoch immer ein Ganzes. So wird nur der Schatten durch die Sonne möglich, groß nur neben klein erkennbar, und der schönste Blechkuchen wäre ohne eine Prise Salz zwar hübsch, aber fad. Um herauszufinden, welche Rolle die Harmonisierung beider Kräfte in der Ernährung spielt, trafen wir uns in Luoyang mit der TCM-Medizinerin Chen Yu Tong. Ihr zufolge geht es beim Essen immer um die Balance von Yin und Yang im Körper. Dazu werden Lebensmittel in Geschmäcker und Farben unterteilt – aber Einfluss hat auch, ob sie warm oder kalt, pur oder verdünnt und im Ganzen oder zerkleinert gegessen werden. So soll ein weißer Rettich etwa gut für die Lungen, rote Erdbeeren gut fürs Herz sein. Wer hektisch ist, sollte Knoblauch meiden, und wem es an Elan mangelt, der sollte Getreide auf die Einkaufsliste setzen. Die Suppe auf dieser Seite ist für jeden etwas, denn sie vereint hell und dunkel, süß und scharf. Aber vor allem: Sie schmeckt!

1 große violette Süßkartoffel
1 kleine orange Süßkartoffel
1 Zwiebel
2 Knoblauchzehen
1 daumengroßes Stück Ingwer
2 EL Erdnussöl
1 l Gemüsebrühe [Rezept Seite 255]
1 säuerlicher Apfel [z. B. Boskop]

2 Stängel Minze
1 EL helle Sojasoße
1 EL Chiliöl
2 TL Meerrettich [Wenn du frischen Meerrettich benutzt, hoble erst mal nur eine kleine Menge in die Suppe und schmecke die Schärfe ab – er ist sehr intensiv.]

schwarzer Pfeffer
Salz
Saft + Abrieb von ½ Limette
1 Handvoll Wasabinüsse

1 Schäle die Süßkartoffeln (am besten mit Handschuhen, da die violetten stark färben), schneide sie in etwa 1 Zentimeter große Würfel und lege die violetten getrennt von den orangefarbenen zur Seite.

2 Stelle schon mal zwei Töpfe auf den Herd. Schäle Zwiebel, Knoblauch und Ingwer und hacke alles klein.

3 Nun erhitze je 1 EL Öl pro Topf und gib je die Hälfte der Zwiebel-Knoblauch-Mischung hinein. Brate beides ein paar Minuten an und gib dann in einen Topf die lilafarbenen Kartoffelwürfel, in den anderen Topf die orangefarbenen. Röste beides ein paar weitere Minuten und rühre dabei immer mal um.

4 Gieße nun je 500 ml Brühe in jeden Topf und lass beide Suppen 10 Minuten köcheln.

5 In dieser Zeit kannst du schon mal den Apfel vierteln, sein Kerngehäuse raus- und ihn klein schneiden. Hacke die Minze.

6 Sind die 10 Minuten um, gib den Apfel, die helle Sojasoße und das Chiliöl zu den orangefarbenen Süßkartoffelstückchen und die Minze zusammen mit dem Meerrettich zu den lilafarbenen. Püriere beide Suppen (falls sie zu dick und sämig sind, kannst du einfach Brühe nachgießen) und schmecke beide mit frisch gemahlenem Pfeffer und Salz ab. Reibe die Schale der Limette in die helle Suppe und drücke ihren Saft darüber aus. Rühre noch mal um und stelle zwei Suppenteller parat.

7 Nun gieße gleichzeitig von beiden Seiten aus beiden Töpfen Suppe in jeden Teller. Falls die Töpfe zu schwer sind, um sie einhändig zu halten, kannst du die Suppen vorher einfach in eine Sauciere oder eine Kanne mit Henkel füllen, dann geht das wesentlich einfacher. Wenn du magst, kannst du mit einer Gabel Muster in die Oberfläche ziehen. Nun streue noch Wasabinüsse obendrauf – fertig!

YIN UND YANG IM LEBEN UND IN DER KÜCHE

Yin und Yang, das bedeutet kurz gesagt: zwei Gegensätze, die einander bedingen und einen ewigen Kreislauf bilden – Tag und Nacht, Licht und Schatten, warm und kalt. Die Liste ist unendlich und das Prinzip auf fast alles anwendbar.

Liest man hierzulande darüber, wird oft vom »allgegenwärtigen und alles bestimmenden Grundsatz des chinesischen Denkens« gesprochen – und das mag sein. Aber um ehrlich zu sein: Zu Beginn unserer Reise sind wir über dieses Thema überhaupt nicht gestolpert. Erst als wir bei den Leuten nachbohrten, haben sie uns ein bisschen was darüber erzählt.

Dass wir die vermeintliche Allgegenwart von Yin und Yang anfangs nicht bemerkten, hat aus unserer Sicht vor allem zwei Gründe: Zum einen haben die Menschen in China dieses philosophische Prinzip total verinnerlicht (die älteste Erwähnung von Yin und Yang liegt bereits ein paar Tausend Jahre zurück). Zum anderen springt einem diese dualistische Devise nicht direkt ins Auge, weil sie zwar genial, aber eben (oder gerade deshalb) auch sehr simpel ist. Ein bisschen gesunder Menschenverstand reicht vollkommen aus, um die Wirkungsweise zu verstehen – und zwar auch über die Landesgrenzen Chinas hinaus. Wenn wir hierzulande sagen, »wo Licht ist, ist auch Schatten«, wenn wir von den »zwei Seiten einer Medaille« oder vom »zweischneidigen Schwert« sprechen, geht es letztlich um nichts anderes als um eben jenes Prinzip: Yin und Yang.

Auch in der Küche spielt das Zweiseitige eine große Rolle. Ein gutes Beispiel dafür ist schwarze Sesamsuppe (Rezept auf Seite 234), eine Nachspeise, die man vor allem auf den Speisekarten der unzähligen Dessertrestaurants in Hongkong findet. Sesamsuppe sieht sehr unscheinbar aus, schmeckt aber unfassbar gut und kann sowohl heiß als auch kalt gegessen werden. Nachdem unser Abendessen bereits aus warmen Speisen bestand, bestellten wir die kalte Version (und bevorzugen sie bis heute). Unser chinesischer Freund Sam hingegen orderte eine warme. Als wir ihn nach dem Grund dafür fragten, meinte er: »Zu viel kaltes Essen. Ich brauch was Warmes.« Zu viel kaltes Essen? Sämtliche Gerichte zuvor wurden doch heiß serviert. Aber er meinte das nicht wörtlich, sondern bezog sich auf die chinesische Ernährungslehre, die sich zum einen auf die Temperatur der Lebensmittel bezieht, zum anderen aber auf deren wärmende und kühlende Wirkung auf den Körper. Denn auch die funktioniert nach dem Yin-und-Yang-Prinzip.

DER WEG DER MITTE

Die Besonderheiten werden deutlich, wenn man sie mit dem westlichen Ansatz vergleicht. Hierzulande bedeutet ausgewogene Ernährung: Viel trinken, abwechslungsreich essen – vor allem Obst und Gemüse. Aber auch Getreide und Kartoffeln, wenig Fett, Zucker und Salz. Es geht um eine ausreichende Zufuhr von Vitaminen, Fettsäuren, Nähr-, Mineral- und Ballaststoffen. Ist die gewährleistet, bleibt man gesund – um es mal kurz aufs Wesentliche herunterzubrechen.

Die überlieferte Herangehensweise in China ist eine andere, wie uns Chen Yu Tong erzählt hat. Die 47-Jährige arbeitet seit zehn Jahren als TCM-Medizinerin in Luoyang. Bei einer Teezeremonie in ihrer Privatwohnung, in der sie auch praktiziert (nicht unüblich in China) und parallel dazu Schmuck verkauft (noch weniger unüblich in China), verriet sie uns ein bisschen was über die Ernährungsgrundlagen der traditionellen chinesischen Medizin (TCM).

Im Zentrum stehen die beiden gegensätzlichen Pole, die es in Einklang zu bringen gilt. Ist das der Fall, stärken sie die Lebenskraft Qi (ausgesprochen: »Tschi«) und harmonisieren dadurch Körper und Seele gleichermaßen – wobei Yin für kalt und Yang für heiß steht. Diese Zuschreibung wiederum ist auf zwei Ebenen von Bedeutung: Zum einen werden die Lebensmittel als Yin, Yang und neutral (ausgeglichen) klassifiziert, zum anderen die Menschen in Yin-und-Yang-Typen unterteilt.

Konkret heißt das: Wer ein Yin-Typ ist, friert schnell, sollte also eher wärmende Speisen zu sich nehmen. Einem Yang-Menschen hingegen ist tendenziell zu warm, sprich: Er bevorzugt kühlende Speisen. Beide Seiten werden noch

einmal in die fünf Elemente Holz, Feuer, Erde, Metall und Wasser unterteilt, die wiederum die Jahreszeiten symbolisieren und – ebenso wie Farben – verschiedenen Organen zugeordnet werden. So sind etwa Maroni wärmende Erde-Lebensmittel (Yang), Morcheln kühlende Erde-Lebensmittel (Yin). »Aber ein wärmendes Nahrungsmittel ist nicht zwangsläufig ein erwärmtes, und ein kühlendes kein kaltes«, so Yu Tong. Die Temperatur des Essens spiele zwar eine unterstützende Rolle, in erster Linie gehe es aber um den thermischen Effekt, den das Nahrungsmittel auf den Körper hat. Eine komplizierte und vielschichtige Wissenschaft für sich.

Bei Sams Sesamsuppe verhielt es sich so, dass die Samen – den neutralen Lebensmitteln zugeordnet – durch Erhitzen sein Yang-Defizit (zu wenig Wärme) ausgeglichen haben.

SICH IN BALANCE VERSETZEN

Noch mal kurz zum Anfang zurück: Yin und Yang sind ein Symbol für den Dualismus der Welt, und jeder Pol steht für eine andere Seite. So repräsentiert Yin das Passive, Dunkle, Weiche, Kalte und Weibliche, während Yang für das Aktive, Helle, Harte, Heiße und Männliche steht. Erst zusammen ergeben sie ein großes Ganzes. Allerdings: In jedem Yin steckt auch ein bisschen Yang und umgekehrt (die beiden Punkte im Yin-und-Yang-Symbol bringen das zum Ausdruck).

Woher weiß man aber nun, ob man eher ein Yin- oder Yang-Typ ist? »Es wäre auf jeden Fall falsch, alle Frauen in die Yin- und sämtliche Kerle in die Yang-Ecke zu stecken, bloß weil Yin für das Weibliche und Yang für das Männliche steht«, erklärte Yu Tong uns daraufhin – so sei das nicht gemeint. Um die Frage zu beantworten, lassen sich folgende Anhaltspunkte zurate ziehen:

Yin-Typen gelten als
- kälteempfindlich und wärmeliebend
- blass
- oft müde, unkonzentriert und lustlos
- ruhig und nach innen gekehrt
- melancholisch mit Hang zur Depression
- anfällig für Übergewicht

Yang-Typen hingegen sollen
- wärmeempfindlich und kälteliebend sein
- redselig
- unruhig, ungeduldig, nervös und reizbar
- häufiger wütend
- oft kopfschmerzgeplagt
- eher schlank

Ist die Typfrage geklärt, kann man sich mit dem Essen beschäftigen. Das Ziel: in die Mitte zu kommen – also ein ansatzweise ausgeglichenes Yin-Yang-Verhältnis herzustellen. Ist das gewährleistet, ist man gesund und fühlt sich fit. Und das wiederum heißt: Yin-Typen sollten sich vorwiegend von Yang-Lebensmitteln ernähren und umgekehrt. Hier ein paar Beispiele, welche Speisen zu Yin und welche zu Yang zählen:

Yin-Lebensmittel sind	Yang-Lebensmittel sind	Als neutral gelten
◦ Sprossen	◦ Maroni	◦ Reis
◦ Brokkoli	◦ Fenchel	◦ Erdnüsse
◦ Tofu	◦ Walnüsse	◦ Adzukibohnen
◦ Chinakohl	◦ Ingwer	◦ Linsen
◦ Auberginen	◦ Chilis	◦ Rote Beten
◦ Paprika	◦ Knoblauch	◦ Blumenkohl
◦ Spinat	◦ Süßkartoffeln	◦ Shiitake
◦ Tomaten	◦ Koriander	◦ Kartoffeln
◦ Limetten	◦ Zwiebeln	◦ Sesam
◦ Austernpilze	◦ Pfeffer	◦ Kürbisse

Außerdem stärken gekochte, gebratene und gegrillte Speisen das Yang (bzw. schwächen das Yin), insbesondere Suppen und Eintöpfe, Aufläufe und Schmorgerichte. Das Erhitzen wirkt dabei noch wie ein Katalysator: Je heißer das Essen ist, umso mehr Yang-Energie nimmt man auf (wie Sam bei seiner sonst eher neutralen Sesamsuppe). Rohkost hingegen ist dementsprechend das perfekte Yin-Essen.

Zusammengefasst bedeutet das: Um dauerhaft gesund zu bleiben, sollte man sich nach Ansicht der TCM seinen individuellen Bedürfnissen entsprechend ernähren und versuchen, Yin und Yang stets in Einklang zu bringen.

Zugegeben: Ganz leicht ist das am Anfang nicht. Aber ein Schritt in die richtige Richtung ist bereits gemacht, wenn man sich ein bisschen damit beschäftigt und etwas Offenheit mitbringt. Es geht schließlich nicht darum, von einem Tag auf den anderen seine bisherige Ernährungsweise um- und sein Leben auf den Kopf zu stellen, sondern mal eine andere Perspektive einzunehmen, sich selbst zu hinterfragen und gegebenenfalls neu auszurichten. Und das ist ja auch das Schöne am Reisen, an der Beschäftigung mit anderen Traditionen und Kulturen – sie geben ganz automatisch neue Denkanstöße. Und vielleicht können wir mit diesem Buch ja auch ein paar liefern.

SAUERSCHARFE BRÜHE MIT KIMCHI-CHAUSOU

Jiaozi, die kleinen gefüllten Teigtaschen, kann man fast schon zum Nationalgericht der Chinesen ernennen. Sie werden zu traditionellen Festen gegessen, mit Sprichwörtern bedacht und sollen glücklich machen. Letzteres können wir nur bestätigen. Wurde im Auto gemeinschaftlich über die Wahl des Abendessens abgestimmt, rief von der (deutschen) Rückbank mit beruhigender Regelmäßigkeit mindestens einer immer: »Jiaozi!« Da es unzählige Zubereitungsarten der Teigtäschchen gibt, hatten wir auch immer eine Ausrede für diesen, vom (chinesischen) Fahrersitz aus sehr einseitig empfundenen Wunsch. (Das Rezept für dreierlei Willkommens-Jiaozi findest du übrigens auf Seite 140.) Packt man die Teigtaschen in Brühe, statt sie mit einem Dip zu essen, nennt man die kleinen Dumplings Wan Tan oder Chausou. Vor allem in der Szechuanküche sind Chausou in scharfer Brühe mit Chiliöl innig geliebt. Zu unserer Freude. Die wir hier mit euch teilen wollen.

FÜR DEN CHAUSOU-TEIG (ERGIBT ETWA 10 CHAUSOU)

75 g Mehl + etwas für die Arbeitsfläche
1 Prise Salz
50 ml Wasser
1 TL Rauchpaprika

FÜR DIE FÜLLUNG

70 g Kimchi (Rezept siehe Seite 263. Wenn du fertiges Kimchi kaufst, bedenke, dass es nicht vegan ist.)
1 ½ Frühlingszwiebeln
1 Stängel Knoblauch
10 g Schnittknoblauch

FÜR DIE BRÜHE

1 kleine Schalotte
½ daumengroßes Stück Ingwer
1 Chili
3 Knoblauchzehen
1 TL geröstetes Sesamöl
½ Frühlingszwiebel
1 Stängel Knoblauch
1–2 Halme Schnittknoblauch
80 g grüne Bohnen
2–3 Stängel Koriander
800 ml Algenbrühe (Rezept siehe Seite 256. Wenn du keine dahast oder machen möchtest, kannst du natürlich auch Gemüse- oder Misobrühe benutzen.)
1 TL Chili-Bohnen-Paste (Rezept siehe Seite 252. Es gibt sie aber auch fertig im Asiashop zu kaufen.)
Salz
schwarzer Pfeffer
1 kleine Limette
Chiliöl

1 Bereite zuerst den Teig für die Chausou zu: Vermische dafür alle trockenen Teigzutaten gründlich in einer Schüssel, gieße langsam das Wasser dazu und knete alles zu einem geschmeidigen Teig. Forme daraus eine Kugel, gib diese wieder in die Schüssel und stelle sie – mit einem feuchten Tuch bedeckt – zum Ruhen zur Seite.

2 In dieser Zeit kannst du die Brühe zubereiten. Schäle dafür Schalotte und Ingwer und hacke beides mit der Chili klein. Schäle nun auch den Knoblauch und schneide ihn in dünne Scheibchen. Dünste alles in einem Topf in Sesamöl an.

3 Schneide die Frühlingszwiebel, die Knoblauchstängel und den Schnittknoblauch in feine Röllchen. Putze und halbiere die Bohnen, hacke den Koriander.

4 Gieße nun die Zwiebelmischung im Topf mit Algenbrühe auf und lass alles auf niedriger Stufe vor sich hinköcheln. Gib die Bohnen dazu und lass sie in der Brühe gar ziehen.

5 Zerhacke nun alle Zutaten für die Füllung grob und mische sie. Du kannst sie auch in einen Blitzhacker geben. Pass aber auf, dass du daraus keinen Brei pürierst, sondern eine Masse mit festen, größeren Stückchen entsteht. Gib sie in ein engmaschiges Sieb und lass die Flüssigkeit ein paar Minuten lang abtropfen.

6 Rolle den Chausou-Teig auf einer gut bemehlten Arbeitsfläche dünn aus und stich mit einer großen Tasse (etwa 18 Zentimeter Durchmesser) 10 Kreise aus. Setze dann je 1 TL der Füllung in die Mitte jeder Teigscheibe und verschließe deren Ränder nach oben hin. Drücke sie gut zusammen, damit sie beim Garen nicht aufgehen.

7 Gib nun die fertigen Chausou in die köchelnde (nicht kochende!) Brühe und lass sie etwa 10 Minuten gar ziehen.

8 Wirf kurz vor Garende die Frühlingszwiebel-, Schnittknoblauch- und Knoblauchstängelröllchen dazu und verteile die Suppe auf zwei Teller, wenn sie fertig ist. Gib je 1 TL Chili-Bohnen-Paste drauf, würze mit Salz und frisch gemahlenem Pfeffer, streue den gehackten Koriander drüber, drücke die Limette über der Suppe aus und serviere alles mit 1 Schuss Chiliöl.

»KRAFT DER KRÄUTER«-SUPPE

Diese Suppe folgt nur einer Vorgabe: der Farbe. Du kannst alles hineinwerfen, was grün ist und dir schmeckt. Ob du den Wasserspinat durch Löwenzahn ersetzt oder Möhrengrün anstelle von Koriander nimmst – sei kreativ und kombiniere alle grünen Nuancen, die Markt und Kühlschrank hergeben. Das chinesische Original auf dieser Seite haben wir in einem ziemlich schicken Restaurant in Shanghai als Vorspeise gegessen. Es hat uns so gut geschmeckt, dass wir gern eine zweite Portion bestellt hätten. Daher hat die grüne Suppe hier einen Platz als satt machende Hauptspeise verdient!

4 Knoblauchzehen
1 Zwiebel
½ Stange Lauch
110 g Stangensellerie
1 grüne Spitzpaprika
3 Knoblauchstängel
190 g Wasserspinat
2 EL Erdnussöl

1 TL Fünf-Gewürze-Pulver
(kriegst du als »Five Spice« im Asiamarkt)
1 TL gemahlener Kreuzkümmel
360 g Choi Sum
270 g Pak Choi
1 Dose Litschis

1 Bund Koriander
300 ml Gemüsebrühe
(Rezept siehe Seite 255. Du kannst alternativ aber auch eine andere Gemüsebrühe verwenden.)
1 EL helle Sojasoße

1 Handvoll Kürbiskerne
½ Limette
Salz
schwarzer Pfeffer
2 EL Kresse
1 TL getrocknete Rosenblüten

1 Schäle den Knoblauch, zerdrücke ihn mit dem Messerrücken und hacke ihn klein. Schäle und würfle die Zwiebel.

2 Putze Lauch und Sellerie, entferne die Kerne der Paprika und schneide alles klein. Schneide die Knoblauchstängel und die Stiele vom Wasserspinat dazu. (Die Blätter benötigst du erst später.)

3 Erhitze das Öl in einem großen Topf und brate alle vorbereiteten Zutaten auf mittlerer Hitze darin an. Gib das Fünf-Gewürze-Pulver und den Kreuzkümmel hinzu und röste die Gewürze mit an.

4 Zerschneide grob den Choi Sum und den Pak Choi und gib beides zusammen mit den Wasserspinatblättern in den Topf. Lass die Blätter etwas zusammenfallen und lösche alles ab, indem du die Litschis samt Flüssigkeit dazuschüttest. Hacke den Koriander grob.

5 Gieße nun die Gemüsebrühe auf, gib die Sojasoße und den Koriander dazu und püriere alles zu einer feincremigen Suppe.

6 Röste die Kürbiskerne ohne Fett.

7 Lass die Suppe nur kurz aufköcheln, schmecke sie dann mit Pfeffer und Salz ab, drücke die halbe Limette darüber aus und garniere alles mit Kresse, Rosenblüten und den Kürbiskernen.

WÄRMENDE GUĀNGMIÀN

Suppen sind ein fester Bestandteil der chinesischen Esskultur. Als gesund und heilend angesehen, werden sie bereits zum Frühstück in Form von Congee, einer milden Reissuppe, gegessen und mittags und abends zu jedem Essen geschlürft. Doch im Gegensatz zu hier, wo man Suppen als Vorspeise oder Hauptmahlzeit isst, stehen sie in China als Abschluss eines Menüs auf dem Speiseplan – denn sie sollen mit ihrer Flüssigkeit die letzten Lücken im Magen füllen und so glücklich und vollends satt machen. Die Suppe auf dieser Seite sättigt auch, ohne dass man vorher etwas anderes gegessen hat. Und glücklich, das haben wir getestet, macht sie auch.

2 Knoblauchzehen

1 Zwiebel

1 Chili

1 Stange Zitronengras

½ TL Kreuzkümmel

1 Tomate oder 3 Cherry-
  tomaten

40 g grüne Bohnen

1 große Möhre

3 EL Erdnussöl

3 Sternanis

600 ml Gemüsebrühe
  (Rezept auf Seite 255)

80 g Mungbohnensprossen

2 Pak Choi

2 EL helle Sojasoße

1 TL Pilzsoße (Rezept siehe
  Seite 259)

100 g Buchweizennudeln

½ Limette

Salz

weißer Pfeffer

1 Schäle den Knoblauch und die Zwiebel und hacke beides zusammen mit der Chili und dem Zitronengras sehr klein. Zerstoße den Kreuzkümmel im Mörser.

2 Schneide die Tomate in mundgerechte Stücke (oder halbiere die Cherrytomaten), putze die Bohnen und halbiere sie gegebenenfalls. Schäle die Möhre und schneide sie in Scheiben.

3 Erhitze das Erdnussöl in einem Topf und röste Knoblauch, Zwiebel, Chili, Zitronengras, Kreuzkümmel und Sternanis darin an. Gib nach etwa 3–4 Minuten die Bohnen und Möhrenscheiben hinzu, brate das Gemüse kurz mit an und lösche dann alles mit der Gemüsebrühe ab.

4 Lass die Suppe nun 5 Minuten auf kleiner Stufe köcheln. In dieser Zeit kannst du die Sprossen und den Pak Choi waschen, dessen Blätter ablösen und deren Enden abschneiden.

5 Rühre nach Ablauf der 5 Minuten die Sojasoße und die Pilzsoße in die Suppe, gib die Buchweizennudeln dazu und lass sie etwa 2–3 Minuten (individuelle Packungsanleitung beachten) in der Brühe köcheln.

6 Gib 1 Minute vor Ende der Kochzeit den Pak Choi und die Tomatenstücke zur Guāngmiàn, presse den Saft der halben Limette in die Brühe und schmecke vor dem Servieren noch mal mit Salz und frisch gemahlenem weißem Pfeffer ab.

VON LUOYANG NACH ZHENGZHOU

Auf dem Weg nach Zhengzhou stand noch ein wichtiger Zwischenstopp auf dem Programm: Dengfeng, die Geburtsstätte des buddhistischen Mönchsordens der Shaolin, um den sich zahlreiche Legenden ranken. Ich habe jeden erdenklichen Martial-Arts-Film der Welt verschlungen und war schon als kleiner Junge angefixt von Kung-Fu. Einmal dieses Kloster am heiligen Berg Songshan zu sehen, und damit die Wiege des sagenumwobenen Shaolin-Kung-Fu (und des Chan-Buddhismus), darauf freute ich mich wirklich sehr.

Die erste Anlaufstelle war aber Sams Onkel, ein reicher Geschäftsmann und Immobilienmogul Ende fünfzig, dem die halbe Stadt gehört. Wir erwarteten einen verstockten, geizigen und herrischen Anzugtypen, doch er war das komplette Gegenteil: Als er uns in einem kleinen Baucontainer begrüßte, das zu seinem Büro umfunktioniert

worden war, strahlte er freudig übers ganze Gesicht, flachste ständig herum und präsentierte uns nach wenigen Minuten sogar einen Spagat. »Wissen und Fähigkeiten aus dem Kung-Fu-Training verlernt man niemals«, erklärte er stolz. In der Folge lud er uns zum Essen ein (unter anderem zu »Wärmender Guāngmiàn«, Rezept siehe Seite 105), kam großzügig für unsere Übernachtung auf und stellte uns seinen Fahrer zur Verfügung. Außerdem verschaffte er uns ein Treffen mit einer der wichtigsten Persönlichkeiten des Landes: Shi Yongxin.

Shi Yongxin ist das Oberhaupt des Tempels und internationaler Botschafter der Shaolin (im Zuge dessen er sich auch regelmäßig Kommerzialisierungsvorwürfen aussetzen muss). Außerdem ist er politisch tätig und Abgeordneter des nationalen Volkskongresses. Unter normalen Umständen hätte er für uns daher sicher keine Zeit gehabt, aber: Sams Onkel und er haben dieselbe Kung-Fu-Schule besucht. Seither sind sie befreundet. Es bedurfte daher bloß eines kurzen Anrufs, um uns eine Audienz beim 30. inthronisierten Abt der Shaolin zu verschaffen.

Bevor wir ihn trafen, speisten wir aber noch im Tempel mit den Mönchen. Wenn ich vorher an Klosteressen gedacht habe, kam mir immer ein recht fades und spärliches Mahl in den Sinn. Aber was die Kochmönche für uns auffuhren, gehört zum besten Essen, das wir auf unserer Reise vorgesetzt bekamen – zum Beispiel leckeren Sesam-Rettich (Rezept siehe Seite 54).

Dann hatte Shi Yongxin endlich Zeit und begrüßte uns in einem opulenten Empfangsraum des Tempels. Er hörte sich geduldig unsere Fragen an, bei denen es vor allem um den Zusammenhang zwischen Essen und Buddhismus ging – und um Kung-Fu natürlich. Er selbst praktiziere nicht mehr aktiv, kämpfe heute nur noch mit Köpfchen statt Kicks für das Gute in der Welt, verriet er uns. »Aber«, sagte er, »Wissen und Fähigkeiten aus dem Kung-Fu-Training verlernt man niemals.«

Mit diesen Worten brachen wir auf nach Zhengzhou.

ANIS-TOMATENSUPPE MIT LOTUSWURZELCHIPS

In Shenzhen, der Stadt mit dem höchsten Pro-Kopf-Einkommen in China und einer der am schnellsten wachsenden Städte der ganzen Welt, trafen wir uns mit dem Finanzinvestor Xu Chang Qing, der wie ein chinesisches Kraut heißt. Er war seit zwei Jahren Veganer, weil ihm irgendwann dämmerte, dass die Tiere, die er verspeist, die Wiedergeburt seiner Eltern sein könnten. Da es sich beim Essen viel besser erzählen lässt, lud er uns ein, ihm beim Mittagessen Gesellschaft zu leisten. Wir fuhren zu seiner Bekannten Xue Shao Tao, die ein veganes Restaurant unweit seines Büros betreibt. Bei dieser Tomatensuppe erzählte sie uns, dass sie früher mit ihrem Mann eine Baustoff-firma besaß. Eines Tages wurden sie von einem Restaurantbesitzerpärchen zu sich gerufen, das Baustoffe zur Restaurierung seines Lokals benötigte. Als sie dort ankamen, mussten sie völlig geschockt feststellen, dass man dort Affen aß. Ihnen wurde schlecht, und sie beschlossen, den Reichtum aus ihrer Firma für etwas Gutes einzusetzen. Sie kauften das Grundstück und wandelten die grausame Energie, die dort spukte, in positive um: Sie machten den Affenladen dicht und eröffneten auf dessen Grund und Boden ein veganes Restaurant. Leider wurde es später geschlossen, da die Regierung für das Land, auf dem das Grundstück lag, eigene Baupläne hatte. Die Menükarte haben sie aber für ihren neuen Laden übernommen.

2 Knoblauchzehen
⅓ daumengroßes Stück Ingwer
1 Stange Zitronengras
1 TL gemahlener Anis
1 EL Tomatenmark
1 EL Erdnussöl

250 ml Gemüsebrühe
[Rezept siehe Seite 255. Du kannst aber auch andere Gemüsebrühe verwenden.]
600 g gehackte, geschälte Tomaten

1 Msp. Zimt
1 Msp. Vanille
½ TL Rübenzucker
Salz
3 g Zitronenabrieb

FÜR DIE LOTUSWURZELCHIPS

50 g Lotuswurzel
1–2 EL Erdnussöl
Meersalz

1 Schäle den Knoblauch und den Ingwer, zerdrück beides mit dem Messerrücken und hacke es zusammen mit dem Zitronengras klein.

2 Röste alles zusammen mit dem Anis und dem Tomatenmark langsam in 1 EL Erdnussöl an und lösche dann mit der Gemüsebrühe ab.

3 Gib die gehackten Tomaten dazu, würze mit Zimt, Vanille und Zucker und schmecke mit Salz ab. Lass die Suppe jetzt vor sich hin köcheln.

4 Schäle die Lotuswurzel, schneide sie in hauchdünne Scheiben (wenn du eine Aufschnitt- oder Brotschneidemaschine hast, nimm sie zu Hilfe) und backe die Scheiben in 1–2 EL Erdnussöl von beiden Seiten schön braun. Entfette sie auf Küchenpapier und streue Salz darüber. Falls die Scheiben beim Auskühlen nicht kross werden (kann passieren, wenn in der Küche zu viel Feuchtigkeit vom Kochen vorhanden ist), schiebe sie einfach ein paar Minuten in den Ofen (200 Grad; Umluft: 180 Grad). Lass aber die Ofentür einen Spalt offen, damit die Feuchtigkeit abziehen kann.

5 Nun gib den Zitronenabrieb in die Suppe und püriere sie. Fülle sie zum Essen in Schälchen und serviere sie mit den Lotuschips.

SALATE

WHITE-TIGER-SALAT

Am Ende unserer Reise stellten wir fest, dass wir nur dreimal während unserer fünfwöchigen Tour frischen, rohen Blattsalat gegessen hatten. Sämtliche Salate auf Speisekarten oder bei den Menschen, die wir besuchten, wurden aus gedünsteten oder gebratenen Blättern und Gemüsesorten zubereitet. Um zu wissen, warum das so ist, muss man nur einmal in die Gemüseabteilung eines chinesischen Supermarkts gehen. Bevor die Chinesen einen Apfel, einen Pilz oder Salatkopf kaufen, fassen sie jeden einzelnen Apfel, Pilz oder Salatkopf an, drehen ihn ein paar Mal in den Händen und legen ihn zurück. Nun ist ein Kochbuch alles andere als ein geeigneter Platz, um über (beobachtete) mangelnde Hygiene zu sprechen. Nur so viel: Alles zu erhitzen macht durchaus Sinn, um eventuelle Keime abzutöten. Und roher Salat macht nur dann Sinn, wenn man weiß, wo er herkommt und welchen Weg er hinter sich hat. Bei dem Salat, den uns die Jungs aus dem *White Tiger* in Peking servierten, hatten wir absolut keine Bedenken. Er ist super simpel und genau deshalb eine so tolle Ergänzung zu den vielen scharfen, gebratenen und gedünsteten Gerichten.

1 grüner Salatkopf
35 g Walnusskerne
2 EL heller Reisessig
1 TL Chilisoße oder
   Pi-Xian-Broad-Bean-
   Paste
1 ½ EL Olivenöl
1 EL geröstetes Sesamöl
Salz

1 Wasche den Salat, schleudre ihn trocken und stelle ihn zur Seite. Hacke die Walnüsse grob und röste sie in einer Pfanne ohne Fett an.

2 Vermische den Essig mit der Chilisoße, Oliven- und Sesamöl und schmecke mit Salz ab. Nun brauchst du nur noch alles zusammenzuwerfen und kannst den Salat servieren.

WASSERSPINATSALAT

Rohe Salate sind in China eine echte Rarität, wie du auf der vorangegangenen Seite lesen konntest. Bei den wenigen Gelegenheiten, zu denen es Salat gab, haben wir fast immer zugeschlagen, da wir – auf eine frische Beilage zum Essen sozialisiert – knackigen Salat in China tatsächlich vermissten. Ein sehr schmackhafter wurde uns von Xiaos Schwester in Huaihua aufgetischt, bei der wir zwei Nächte verbracht haben. Als wir dort ankamen, wurden wir an der Wohnungstür herzlich von allen Familienmitgliedern begrüßt – in dicken Daunenjacken. Wir haben uns ein bisschen gewundert, aber tatsächlich – in der Bude war es saukalt. Heizung? Fehlanzeige. Stattdessen trugen alle den ganzen Abend dicke Jacken – auch wir. Als Gäste durften wir es uns bis zum Essen aber zusätzlich unter dicken Daunendecken auf dem Sofa bequem machen und unsere durchgefrorenen Füße auf ein beheiztes Bettgestell stellen. Eine sehr bizarre Situation. Außer uns schien das aber niemand auch nur ansatzweise befremdlich zu finden. Als das Abendessen dann fertig war, wurde der Tisch (wie in China üblich) reich gedeckt. Das Essen hätte locker für drei Tage gereicht. Von jedem der zehn Gerichte ist etwas übrig geblieben – nur von diesem Wasserspinatsalat nicht. Und wenn du ihn erst mal gekostet hast, dann weißt du auch, warum.

60 g Macadamianüsse
100 g bunte Quinoa
100 g Wasserspinat
½ Pomelo
100 g Erbsenschoten
   (oder 50 g gepulte
   Erbsen, z.B. TK)
1 Schalotte
½ daumengroßes Stück
   Ingwer
1 Chili
1 TL Erdnussöl

FÜR DAS DRESSING

2 EL gutes Olivenöl
2 EL Dumplingessig
1 EL geröstetes Sesamöl
1 TL Dijonsenf
1 TL Tahin
1 TL Reissirup
Saft von ½ Limette
schwarzer Pfeffer
Salz

1 Halbiere die Macadamianüsse und röste sie in einer Pfanne ohne Fett.

2 Koche die Quinoa in Salzwasser nach Packungsanleitung.

3 Währenddessen kannst du den Wasserspinat waschen, in 4–5 cm lange Stücke schneiden und in eine Schüssel geben.

4 Filetiere die Pomelo, zerteile ihr Fruchtfleisch in mundgerechte Stücke und gib sie zum Salat. Pule die Erbsen und stelle sie zur Seite.

5 Schäle die Schalotte und den Ingwer und hacke beides mit der Chili klein. Schwitze die Mischung etwa 2–3 Minuten in Erdnussöl an und gib dann die Erbsen dazu – für höchstens 1 Minute.

6 Lass die fertige Quinoa abtropfen und gib sie mit in die Pfanne, schwenke alles noch mal gut durch und nimm es vom Herd.

7 Fülle alle Dressingzutaten in ein kleines Schraubglas und schüttele es kräftig, bis die Soße gleichmäßig sämig aussieht. Jetzt brauchst du nur noch alles Vorbereitete in der Schüssel vermischen, und fertig ist der Salat!

KLATSCHGURKENSALAT

Als Sam über dieses Rezept sprach, nannte er es »Klatschgurkensalat«. Wir dachten erst, er hätte sich beim Wort »klassisch« versprochen, auch wenn wir natürlich schon einmal diesen bekannten, chinesischen Salat aus verprügelten Gurken gegessen hatten. Er meinte aber tatsächlich »Klatsch« – und so heißt er nun auch hier. Die zerklatschten Gurken stehen in jedem guten Chinarestaurant auf der Karte, waren für die beiden deutschen Künstlerinnen Anna und Toni, die wir in Peking kennengelernt haben, ein Grund, sich in China zu verlieben, und wurden in vielen Kochbüchern in vielen Variationen vorgestellt. Doch wie es so oft bei einfachen Rezepten ist: Das Simple wird durch wildes Experimentieren nicht immer besser. Diese Gurken jedenfalls lieben es traditionell. Eine Handvoll Zutaten und etwas rohe Gewalt – fertig ist ein tolles, frisches und sehr aromatisches Essen.

2 Gurken
etwas Salz
1 gestr. TL Rübenzucker
3 getrocknete Chilis
4 Knoblauchzehen
2 EL helle Sojasoße
2 EL Dumplingessig
½ TL geröstetes Sesamöl
1 TL Chiliöl
¼ Bund Koriander
je nach Belieben 1 EL
    gerösteter Sesam oder
    ein paar geröstete,
    gesalzene Erdnusskerne

1 Leg die Gurken auf ein Brett und zerschlage sie mit einem Fleischklopfer, Nudelholz oder der flachen Seite eines Messers, bis sie in Stücke brechen.

2 Falls sie nicht eh schon so zerkleinert sind, schneide die Gurken in Viertel und die Viertel wiederum in fingerdicke Stücke. Wirf die Stielenden weg.

3 Gib die Gurken in eine Schüssel, streue ein klein wenig Salz und den Zucker darauf, zerbrösle die Chilis darüber und lass die Mischung 10 Minuten lang ziehen.

4 Schäle den Knoblauch, zerdrücke ihn mit dem Messerrücken und hacke ihn klein. Mische ihn mit Sojasoße, Essig, Sesam- und Chiliöl, gieße die Marinade über die Gurken, mische alles gut durch und stelle sie für 15 Minuten in den Kühlschrank.

5 Nun brauchst du nur noch den Koriander zu hacken und vor dem Servieren unter den Salat zu mischen. Er schmeckt besonders, wenn du gerösteten Sesam oder geröstete und gesalzene Erdnusskerne drüberstreust.

TOFUHAUTSALAT

In Berliner Asialäden haben wir oft getrocknete Tofuhaut gesehen und uns gefragt, ob das eine deutsche Erfindung ist, um die krosse Kruste einer Pekingente nachzubauen. Wir fanden sowohl das Produkt als auch die Vorstellung einer Fake-Ente befremdlich. Doch auf unserer Reise lernten wir Tofuhaut schätzen – und zum Glück wurde daraus nirgends eine Ente gebastelt. Bei unserer ersten Station in Peking servierten uns Nathan und Starry aus dem *White Tiger*, einem hippen Cross-Over-Restaurant im Künstlerviertel Dong Cheng, diesen Salat aus marinierter Tofuhaut – und sorgten dafür, dass wir in Berlin seither noch häufiger in Asialäden rennen.

120 g Tofuhaut (als Blätter oder in Stangenform)
je ½ gelbe und rote Paprikaschote
4 TL Kreuzkümmelsamen
1 TL Szechuanpfeffer
2 EL Dumplingessig
1 gestr. EL Rübenzucker
Salz
2 TL Paprikapulver (edelsüß)
1 TL Paprikapulver (scharf)
4 TL helle Sojasoße
2 EL geröstetes Sesamöl
30 g grob gehackter Koriander
½ Zitrone

1 Weiche die Tofuhaut in warmem Wasser etwa 15 Minuten ein.

2 Nutze die Zeit, um den Stielansatz der Paprikaschoten wegzuschneiden und die Schoten in schmale, etwa 3 cm lange Streifen zu schneiden.

3 Drücke nun ganz vorsichtig das Wasser aus der weichen Tofuhaut und schneide sie ebenfalls in schmale Streifen.

4 Mörsre Kreuzkümmel und Szechuanpfeffer und mische beides mit Essig, Zucker, Salz, Paprikapulver, Sojasoße und Sesamöl zu einem Dressing.

5 Vermenge Salat und Soße und lass alles mindestens 20–30 Minuten stehen, damit es richtig gut durchziehen kann.

6 Hacke nun noch den Koriander, gib ihn unter den Salat und presse den Saft der halben Zitrone darüber.

TEEBLÄTTERSALAT

In Hangzhou wird viel Tee angebaut. Es wird viel Tee getrunken, und es wird viel Tee über Porzellan-frösche gekippt, was zu Geldsegen führen soll. Das Epizentrum des Teeanbaus ist berühmt für seinen grünen Drachenbrunnentee. Und der wird hier eben nicht nur angebaut, getrunken und verschüttet, sondern auch gegessen. Zum Beispiel geröstet, als kross-herber Salat.

15 g Drachenbrunnen-
teeblätter

40 g gelbe Linsen

3 Knoblauchzehen

½ daumengroßes Stück
Ingwer

1 Chili

1 TL geröstetes Sesamöl

50 g Erdnusskerne

1 EL Sesam

2 Frühlingszwiebeln

ein paar Stängel Schnitt-
knoblauch

6 kleine Honigtomaten

150 g Römersalat

1 EL Erdnussöl

½ TL helle Sojasoße

½ TL Rübenzucker

Saft + Abrieb von 1 Limette

Salz

1 Schütte den Tee in eine Pfanne und röste die Blätter ohne Fett schön kross. Pass auf, dass sie nicht verbrennen! Gib sie zum Abkühlen auf einen Teller.

2 Erhitze Wasser in einem Topf und koche darin die Linsen nach Packungsangabe.

3 Nutze die Zeit, um den Knoblauch und den Ingwer zu schä-len, zu zerdrücken und zusammen mit der Chili zu hacken. Nimm wieder die Pfanne und brate die Gewürze ein paar Minuten bei mittlerer Hitze in Sesamöl an. Stelle sie dann zur Seite.

4 Nimm eine weitere Pfanne und röste erst die Erdnusskerne und dann die Sesamkörner an. Stelle auch diese zur Seite.

5 Nun schneide die Frühlingszwiebeln und den Schnittknob-lauch in Röllchen, wasche die Tomaten und halbiere sie. Hacke die Salatblätter und gib alles in eine große Schüssel.

6 Sobald die Linsen gar, aber noch bissfest sind, schütte sie durch ein Sieb und lass sie auf Küchenpapier trocknen. Erhit-ze Erdnussöl in einer Pfanne und brate die Linsen darin kross an. Gib sie dann zum Entfetten auf ein neues Küchenpapier.

7 Mische eine Soße aus Sojasoße, Rübenzucker, Limettensaft und -abrieb, gib die angebratene Knoblauchmischung dazu und schmecke alles mit Salz ab. Nun brauchst du nur noch den Salat mit den Linsen, der Soße und den Teeblättern zu vermischen und die Nüsse und den Sesam drüberzustreuen.

Shanghai
上海

VON ZHENGZHOU
NACH
SHANGHAI

Am Tag vor Weihnachten erreichten wir Zhengzhou, eine Neun-Millionen-Einwohner-Stadt am Gelben Fluss. Wir waren mit Mr. Wang, einem Bekannten eines chinesischen Freundes, zum Essen verabredet. Doch statt uns direkt mit ihm im Restaurant zu treffen, trafen wir uns erst in einem Café. Diese Vorgehensweise war uns schon bei anderen Treffen aufgefallen – als wolle der Gastgeber seine Gäste erst einmal abchecken. Also saßen wir in einem beliebigen Café in einem beliebigen Einkaufszentrum, tranken ein Heißgetränk und tasteten uns aneinander heran. Mr. Wang – schlank, groß, mit akkurater Frisur – trug eine Prada-Tasche und einen sehr langen kleinen Fingernagel an der Hand. Als ich später fragte, ob Wang in seiner Freizeit vielleicht ein wilder Gitarrist sei, musste Sam lachen. Der lange Nagel stehe in China für Reichtum. Und wie sich herausstellte, war Wang so reich, dass ihm nicht nur mehrere Restaurants, sondern ganze Stadtviertel in Zhengzhou gehörten.

Nach einer halben Stunde stand Wang auf und war zum Gehen bereit. Wir hatten ihn von unserem Projekt überzeugt und fuhren gemeinsam zum Essen in die *Yang Shen Canting* – einen seiner Läden in einem seiner Viertel. Spezialisiert auf buddhistische Bioküche mit monatlich wechselnden Gerichten (die Wangs Familie vorher testet), 200 Sitzplätzen auf fast 800 Quadratmetern – montags wird showgekocht. Menschen über 65 Jahre können kostenlos bei ihm essen, Tiere sollen nicht für seine Gäste sterben – die *Canting* serviert vegane Gerichte. Wang lud seine ganze Familie dazu und bestellte wirklich jedes Gericht der mehrseitigen Speisekarte. Danach noch ein Foto mit den Langnasen – Daniel und ich müssen in China auf mindestens 10.000 Fotos festgehalten sein.

Beim Tee in seinem Bürokomplex danach erklärte Wang uns das Geheimnis seines Erfolgs: Es ist ein Frosch. Während der Teezeremonie gießt er immer wieder Tee über das Porzellantier, das eine Münze im Maul trägt. Je mehr man darübergießt, desto mehr Geld spuckt es aus. Wang scheint sehr viel Tee vergossen zu haben. Während er Daniel und Sam das Ritual der Aufgüsse erklärte, konnte ich meinen Blick nicht von den noch in Plastikfolie verpackten und dennoch aufgehängten, riesigen Wandbildern abwenden. Ob auch das für Reichtum steht, konnte uns keiner beantworten, wir haben aber mehrfach noch eingeschweißte Kissen, Lampen oder Bilder bei wohlhabenden Menschen und in teuren Hotels gesehen.

Heiligabend und den ersten Feiertag verbrachten wir komplett auf der Autobahn. Während draußen plötzlich Pflanzen wuchsen und wieder Vögel flogen (im Ernst, wir haben auf dem ersten Teil unserer Reise keine Vögel gesehen), steuerten wir auf Huaihua zu, wo wir die Familie von Xiao besuchen wollten. Wir haben selten so einen skurrilen Lifestyle miterlebt wie dort. Alle Familienmitglieder liefen in ihrer Wohnung in dicken Jacken umher, die Tür zur Terrasse stand sperrangelweit offen. Zum Aufwärmen schlüpften sie vereinzelt ab und an unter eine Daunendecke, die in der Mitte des Wohnzimmers auf einem vergitterten, beheizten Bettgestell lag. So saßen wir dort. Zweiter Weihnachtsfeiertag. Und aßen in Jacken unter einer fremden Decke Pomelostücke.

In den kommenden Tagen haben wir auch viel gesessen, allerdings wieder im Auto. Und das immer zu sechst. Ob ins Bergdorf zum Klebreisbrötchen-Herstellen (siehe auch Rezept »Omagemüse«, Seite 185), zum Nationalpark von Zhangjiajie (siehe auch Rezept »Szechuan-Blumenkohl«, Seite 139) oder nach Fenghuang, der Phönixstadt (sie auch Rezept »Süßkartoffeln des Phönix mit Szechuanbutter«, Seite 199) – Platz scheint in China einfach keine gebräuchliche Vokabel zu sein.

Die Städte, die wir durchquerten, wirkten wie dem Film »Metropolis« entsprungen: nicht greifbar große Hochhauskomplexe – einer aufgereiht neben dem anderen –, wie ein graues, tristes Heer aus Soldaten. Uniformiert, monoton und reglos – ohne jeden Charme. Erst als wir durch Wuhan fuhren, wirkte nicht nur die Architektur europäischer, auch mein deutsches »Das ist mein Tanzbereich«-Bedürfnis fand wieder Gehör. Wir hatten die Familie hinter uns gelassen und fuhren (wieder nur zu viert) am Jangtsekiang vorbei – nach Shanghai.

PAPAYASALAT CHINESISCHER ART

Papayasalat (Som Tam) kennen wir vor allem aus der thailändischen Küche (obwohl er ursprünglich aus Laos stammt). Mit seiner Frische und der Geschmackskombination aus süß, sauer, scharf und salzig gehört er zu unseren absoluten Lieblingsgerichten – vor allem im Sommer. Umso erstaunter waren wir, als wir im Restaurant *Lost Heaven* in Shanghai einen auf der Karte gefunden haben. Die Erklärung dafür ist jedoch simpel: Das *Lost Heaven* serviert Gerichte aus der chinesischen Provinz Yunnan im Südwesten des Landes, und Yunnan grenzt an Laos. Überhaupt unterscheidet sich Yunnan sowohl kulturell als auch landschaftlich am deutlichsten vom Rest des Landes und erinnert in vielerlei Hinsicht eher an die Grenzstaaten Vietnam, Myanmar und eben Laos – auch die letzten wilden Elefanten Chinas leben in Yunnan. Und einer dieser Unterschiede ist eben diese chinesische Version des Papayasalats. Für uns ein kulinarisches Highlight – und dank erdig-nussiger Linsen nicht nur im Sommer.

600 g grüne Papaya
  (gibt's im Asialaden)
1 Handvoll gesalzene
  Erdnusskerne
1 EL + 1 TL Erdnussöl
120 g rote Linsen
10 Honigtomaten
1 Bund Koriander
1 große Möhre

1 rote Zwiebel
½ TL Rübenzucker
1 ½ TL Kreuzkümmelsaat
2 kleine Chilis
1 EL helle Sojasoße
2 EL Limettensaft
4 EL Dumplingessig

1   Schäle die Papaya, halbiere sie und kratze ihre Kerne mit einem Löffel heraus. Nimm dir eine Mandoline oder eine Reibe und raspele das Fruchtfleisch in eine große Schüssel. Röste die Nüsse ohne Fett in der Pfanne und stelle sie zur Seite.

2   Erhitze 1 EL Öl in einem Topf und röste die Linsen kurz darin an. Erhitze währenddessen Wasser im Wasserkocher, gieße das kochende Wasser auf die Linsen und lass sie köcheln, bis sie gar sind. Das sollte etwa 5 Minuten dauern. Stelle dir am besten einen Timer, gieße sie nach Ablauf der Zeit ab und lass sie abkühlen.

3   Wasche die Tomaten und den Koriander und schäle die Möhre und die Zwiebel.

4   Nun halbiere die Tomaten, hacke den Koriander, rasple die Möhre genau wie die Papaya und gib alles in die große Schüssel.

5   Schneide die Zwiebel in Ringe und brate sie in einer Pfanne in 1 TL Öl an. Wenn sie schön gebräunt ist, lass den Rübenzucker drüberrieseln und karamellisiere die Zwiebelringe ganz kurz und unter Rühren, damit nichts anbrennt. Gib sie zum Rest in die Schüssel.

6   Mörsre den Kreuzkümmel und die Chilis und verquirle beides mit Sojasoße, Limettensaft und Essig zu einer Soße. Gib sie mit den abgekühlten Linsen zur Papaya und rühre alles durch. Fülle den Salat in Schälchen und garniere ihn mit den Erdnusskernen.

DRACHENBOOTE

Sam und Xiao wohnen in Luoyang. Doch wann immer wir in Deutschland jemandem davon erzählt haben: Niemand hatte von dieser Stadt gehört. Wie auch? Sie ist für chinesische Verhältnisse schließlich winzig und hat bloß poplige 6,5 Millionen Einwohner. Im 8. Jahrhundert war Luoyang jedoch das Zentrum des chinesischen Kaiserreichs und eine der größten Städte der Welt. Läuft man heute durch die Altstadt, erinnern die uralten, wuchtigen Stadtmauern, die schmalen Gassen und traditionellen Pagoden noch an diese Zeit. Im krassen Gegenzug dazu stand der moderne Streetfood-Markt, der direkt neben der ursprünglichen Stadtmitte aufgebaut war und auf dem sich Bude an Bude mit allen erdenklichen Snacks reihte. Vieles davon hatte Beinchen und war nichts für uns, aber eine Entdeckung haben wir gemacht: Drachenboote. Shenmi und ihre Schwester füllten allerdings keine Salatblätter an ihrem Stand, sondern frittierten Teig, der Krabbenchips ähnelte – nur ohne Krabben. Wir wissen bis heute nicht, wie die beiden ihn gemacht haben, denn das Rezept, das sie uns gaben, hat nicht funktioniert. Sam vermutete ein Fertigprodukt – egal. Mit Salat als Bootsrumpf schmecken die Häppchen genauso gut – und sind auf jeden Fall gesünder.

45 g chinesischer Sellerie
(alternativ: die zarten, inneren Stangen von normalem Stangensellerie)
2 TL Szechuanöl (Rezept siehe Seite 248. Wenn du keins dahast, nimm 2 TL

Erdnussöl + ein klein wenig mehr gemahlenen Szechuanpfeffer als unten angegeben.)
1 rote Zwiebel
Saft von 1 Limette
1 Orange

¼ Bund Koriander
1 Kapsel schwarzer Kardamom
¼ TL gemahlener Szechuanpfeffer
½ TL Reissirup
¼ TL Chiliflocken

1 Prise Zimt
Salz
2 Romanasalatherzen
schwarzer Pfeffer

1 Schneide den Sellerie in Scheibchen und dünste ihn 1–2 Minuten in heißem Szechuanöl an. Fülle ihn dann in eine Schüssel um.

2 Schäle die Zwiebel, schneide sie in schmale Ringe und halbiere diese noch mal. Stelle eine Schale mit dem Limettensaft bereit.

3 Gib 1 Tasse Wasser in die eben verwendete Pfanne. Sobald es kocht, gib die Zwiebel hinein und dünste sie etwa 1 Minute. Dann gieße das Wasser ab und gib die abgetropften Zwiebelstreifen in den Limettensaft. Rühre einmal ordentlich um und lass alles stehen, bis sich die Zwiebel pink verfärbt hat.

4 Die Zeit kannst du nutzen, um die Orange zu filetieren und das Fruchtfleisch klein zu hacken. Dann gib es in die Schüssel mit dem Sellerie. Hacke den Koriander und mische ihn ebenfalls unter.

5 Mörsre die Körnchen aus der Kardamomkapsel und mische sie mit Szechuanpfeffer, Reissirup, Chiliflocken und Zimt. Gib die Gewürze und die pinken Zwiebeln unter das Gemüse. Schmecke mit Salz ab.

6 Wasche den Salat und trenne die Blätter ab. Nun gibst du in jedes Salatblatt etwas von der Orangen-Gemüse-Füllung, legst die kleinen Schiffchen auf einen Teller, mahlst frischen Pfeffer drüber, und schwupp – kannst du sie schon deinen Gästen anbieten.

HAUPTGERICHTE

KARO(TTEN)-DAN-DAN

Dass es in manchen Regionen Chinas schwer werden würde, veganes Essen zu finden, war uns klar. Dass es so schwer werden würde, wie in einem kleinen Ort kurz vor Luoyang, allerdings nicht. Selbst der Wasserspinat war mit Schweineschwarte angemacht, die Nudeln schwammen in Fleischbrühe. Wir waren frustriert und stellten einmal mehr fest, wie viel Glück wir in Berlin haben – einer Stadt, in der es vegane Möglichkeiten im Überfluss gibt. Nach gefühlt hundert gescheiterten Versuchen wollten wir schon entnervt aufgeben – als wir auf Mei trafen und ihrer Empfehlung für ein kleines fleischloses Restaurant folgten. Daniel bestellte Dan Dan, weil er sich einredete, der Name des Essens wäre ein Zeichen und wie für ihn, den alle Dan nennen, gemacht. Ich beneide ihn bis heute für diese Wahl (mein Essen war schrecklich). Die weißen Nudeln auf einem heißen Gemisch aus Seitan-Pilz-Hack, Erdnüssen und Chiliöl haben daher ihren Platz in diesem Buch gefunden – in einer gesünderen (etwas später in Luoyang gefundenen) Variante mit Karottennudeln.

90 g Seitan
1 Knoblauchzehe
3 Shiitake
1 kleine Stange Sellerie
30 g gesalzene Erdnuss-
 kerne

1 EL Sesamsaat
2 große, dicke Karotten
1 gehäufter EL chinesi-
 sches Erdnuss-Sesam-
 Mus (alternativ: normales
 Erdnussmus)

1 TL Pilzsoße (Rezept siehe
 Seite 259. Es gibt sie aber
 auch fertig zu kaufen.)
1 TL helle Sojasoße
1 TL dunkle Sojasoße
1 TL Dumplingessig
1 TL Chiliöl

150 g Brühe
1 EL Sesamöl
ggf. Salz

AUSSERDEM
1 Spiralschneider

1 Schneide den Seitan in klitzekleine Würfelchen. Schäle, zerquetsche und hacke den Knoblauch.

2 Würfle auch die Pilze und die Selleriestange so klein du kannst – am besten per Hand, denn wenn du sie im Mixer oder Blitzhacker schredderst, werden sie zu matschig. Hier zählt die Textur. Mische alle bisher vorbereiteten Zutaten.

3 Hacke die Salznüsse und stelle sie zur Seite. Röste den Sesam ohne Fett und gib ihn zu den Nüssen.

4 Bringe Wasser in einem großen Topf zum Kochen. Stelle eine Schüssel mit Eiswasser bereit.

5 Schäle die Möhren und schneide mit einem Spiralschneider lange Gemüsenudeln aus ihnen. Wenn das Wasser kocht, gib sie für 10 Sekunden hinein und dann sofort in das Eiswasser. Warte kurz, bis sie kalt sind, schütte das Wasser dann durch ein Sieb weg und lass die Möhrenspiralen abtropfen.

6 Verrühre das Erdnuss-Sesam-Mus, Pilzsoße, die Sojasoßen, Essig, Chiliöl und Brühe zu einer Soße.

7 Gib das Sesamöl in einen Wok oder eine große Pfanne und brate die Seitan-Pilz-Mischung darin 2–3 Minuten an. Rühren nicht vergessen. Stelle die Hitze runter.

8 Lösche mit der Soße ab und gib die Karottenspiralen dazu. Mische einmal alles gut durch, salze gegebenenfalls etwas nach und brate die Karo-Dan-Dan, bis sie gar, aber noch bissfest sind (das sollte so 1–2 Minuten dauern). Gib die Erdnuss-Sesam-Mischung als Topping obendrauf. Wenn du es scharf magst, gieße gern noch einen Schuss Chiliöl über alles.

SCHNELLE SESAMNUDELN

Ja, na klar – Essen ist wie Medizin. Das haben wir auch vor unserer Chinareise schon des Öfteren gehört oder selbst gesagt (z.B. zu grippegeplagten Freunden oder nach durchfeierten Nächten zu uns selbst). Doch während wir bisher immer eine gesunde Gemüsebrühe für Körper und Abwehrkräfte gekocht hatten, machen wir seit unserer Reise nur noch Sesamnudeln. Das ist Medizin gegen so gut wie alles: Stress, Liebeskummer, Langeweile, schlechte Serien, Regenwetter, Katerkopf, Heimweh, blaue Flecken, Muskelkater und und und. Es gibt wenige Gerichte, die so schön von innen aufmöbeln wie diese Schale voller Nudeln in dicker, sämig-klebriger Soße.

250 g chinesische Weizen-
    oder Buchweizennudeln
je 1 EL schwarze und
    weiße Sesamsaat
1 Lauchzwiebel

FÜR DIE SOSSE

2 TL Tahin
1 TL grobes Erdnussmus
2 TL helle Sojasoße
1 EL Dumplingessig
1 TL geröstetes Sesamöl
1 TL Chiliöl
½ TL Reissirup
3–4 getrocknete Chilis
Salz

1   Bringe einen Topf mit Wasser zum Kochen.
2   Während du wartest, röste den Sesam ohne Fett in einer Pfanne und schneide die Frühlingszwiebel in Ringe.
3   Sobald das Wasser blubbert, gib die Nudeln hinein und lass sie (je nach Packungsangabe) etwa 5 Minuten kochen.
4   Währenddessen kannst du alle Soßenzutaten gründlich miteinander verquirlen, bis eine sämige und glatte Soße entsteht. Falls sie zu breiig ist, strecke sie mit einem Schuss Wasser.
5   Nun brauchst du die Nudeln nur noch kurz kalt abzuschrecken und in einer Schale mit der Soße und dem gerösteten Sesam vermengen. Verteile alles auf zwei Portionen und streue die Frühlingszwiebelröllchen drüber.

SZECHUAN-BLUMENKOHL MIT MANIOKPÜREE

Zwischen Weihnachten und Neujahr waren wir im Zhangjiajie-Nationalpark, einem surreal wirkenden Areal aus dichten Wäldern, skurrilen Felsformationen und stalagmitenartigen Sandsteinpfeilern. Sam nannte sie die »Avatar«-Felsen, weil die Hallelujah-Berge aus dem Film wohl in Anlehnung an diese Berge konzipiert wurden. Auf unserem Ausflug wurden wir von einer Freundin von Xiao und ihrer fünfjährigen Tochter Miau Miau (ja, die heißt wirklich so!) begleitet. Miau Miau ist palmzuckersüß und hat die ansteckendste Lache der Welt, was uns dazu animiert hat, permanent Schabernack mit ihr zu treiben. Als wir nach dem anstrengenden Wandertag abends essen gingen, bestellten wir diesen Blumenkohl – und bekamen keinen Bissen davon ab. Irgendwie hatten wir uns verquatscht, und als wir loslegen wollten, war die Schüssel leer. Der Grund dafür war schnell ausgemacht, als wir in Miau Miaus zufriedenes Gesicht guckten. Denn dieses Essen ist (trotz seiner Schärfe) ihr Lieblingsgericht. Ihre Reaktion auf unsere hungrigen und neidvollen Blicke: ihr schallendes, ansteckendes Lachen. Wir haben direkt eine neue Portion bestellt – und zwar gleich eine doppelte.

1 kleiner Blumenkohl	2 grüne Peperoni	1 kleiner Lauch	1 EL helle Sojasoße
1 gehäufter EL schwarze, fermentierte Bohnen	2 Stängel Knoblauch	3 EL Rapsöl	1 EL Chiliöl
2 rote Peperoni	1 Knoblauchzehe	4 getrocknete Chili, zerdrückt	ggf. Salz
	1 kleine Zwiebel		

1 Teile den Blumenkohl in ganz kleine Röschen.

2 Weiche die schwarzen Bohnen in etwas Wasser ein.

3 Schneide die Enden von den Peperoni und die Schoten dann in dicke Ringe. Schneide die Knoblauchstängel in fingerlange Stücke.

4 Schäle, zerdrücke und hacke den Knoblauch, schäle und achtele die Zwiebel und schneide den Lauch in dicke Scheiben.

5 Erhitze 2 EL des Rapsöls in einem Wok und brate den Blumenkohl, die Knoblauchstängel und die Peperoni darin bei mittlerer Hitze mindestens 5 Minuten an. Rühre dabei immer gut um. Fülle danach alles kurz um.

6 Gib das restliche Rapsöl in den Wok und brate die getrockneten Chilis, die abgetropften Bohnen, Knoblauch, Zwiebel und Lauch an. Gib nach 1–2 Minuten die Blumenkohlmischung dazu und würze mit Sojasoße und Chiliöl. Lass alles einige Minuten weiterrösten, bis der Blumenkohl bissfest ist und Lauch und Zwiebeln dunkel geschmort sind. Wenn es dir an Salz fehlt, schmecke damit noch mal ab.

ZUBEREITUNGSZEIT CA. 30 MINUTEN

FÜR DAS MANIOKPÜREE
350 g Maniok
Salz
2 Frühlingszwiebeln
200 ml Mandelmilch
Pfeffer
1 Prise Vanillepulver
2 frische Feigen

1 Schäle den Maniok, schneide ihn in 1 cm große Würfel und koche ihn in Salzwasser etwa 10 Minuten gar.

2 Putze die Frühlingszwiebeln, schneide sie grob klein, gib sie in einen Mixer und schreddre sie.

3 Gib die Maniokwürfel und die Mandelmilch dazu und püriere alles zu Brei.

4 Schmecke mit frisch gemahlenem Pfeffer und ggf. Salz ab und rühre eine kräftige Prise Vanille unter.

5 Halbiere die Feigen, kratze ihr rotes Fruchtfleisch mit einem Löffel heraus und rühre es grob in das Püree.

DREIERLEI WILLKOMMENS-JIAOZI

In diesem Rezept geben wir die Zutatenmenge für 60 Teigtaschen an. Das klingt viel. Ist es auch. Aber erstens lohnt sich der Mehraufwand des Taschenformens, wenn man schon mal Jiaozi-Teig zubereitet, und zweitens werden die Dumplings in China traditionell zu Anlässen wie dem Neujahrsfest geformt, an denen Familie und Freunde zusammenkommen – und da will man ja schließlich alle satt kriegen.

Um Jiaozi ranken sich eine Menge Mythen und Traditionen, die sich von Region zu Region und von Familie zu Familie stark unterscheiden können. Die Faltweise des Teigs variiert, und mancherorts werden darin kleine Überraschungen versteckt (wie zum Beispiel eine Münze, die dem Finder im kommenden Jahr Wohlstand bringen soll). Aber bei einer Sache sind sich alle einig: Die Anzahl der gegessenen Taschen sollte am Ende nie ungerade sein, denn das bringt Unglück.

In Peking liebt man die Dumplings sogar so sehr, dass es ihrer keines Festes bedarf. Hier futtert man sie immer – und insbesondere dann, wenn man jemanden willkommen heißen möchte.

440 g Weizenmehl + etwas für die Arbeitsfläche
8–10 g Kurkuma (Pulver)
8–10 g Rote-Bete-Pulver
Salz

Tipp Am besten bereitest du die Jiaozi mit Freunden zu – so machen's die Chinesen ja auch. Aus gutem Grund: Der fertige Teig trocknet ziemlich schnell aus. Ist man beim Befüllen und Formen der Teigtaschen nicht flink, lässt er sich nicht mehr so gut verarbeiten und kann brechen. Jede helfende Hand ist also von Vorteil.

FÜR DIE PILZFÜLLUNG
2 getrocknete Shiitake
1–2 Knoblauchzehen
2 EL Chiliöl
50 g Gewürz- oder Räuchertofu
125 g gemischte asiatische Pilze (Seitlinge, Enoki, Shimeji, Shiitake etc.)
1 EL gehackter Schnittlauch
½ EL Pilzsoße
1 EL helle Sojasoße
1 Schuss Shaoxing-Reiswein
schwarzer Pfeffer
Salz
3 g schwarzer Trüffel (alternativ: Trüffelöl oder in Öl eingelegter Trüffel)

FÜR DIE LINSENFÜLLUNG
1 kleine Kartoffel
2 Knoblauchzehen
35 g Blumenkohl
35 g rote Linsen
½ TL Kreuzkümmel
¼ Bund Koriander
1 EL Kokosflocken
schwarzer Pfeffer
½ EL helle Sojasoße
1 TL Chilisoße

FÜR DIE GEMÜSEFÜLLUNG
2 Pak Choi
2 Frühlingszwiebeln
½ Bund Schnittknoblauch
5 Knoblauchstängel
1 kleine Chili
2 EL Pflanzenöl
Salz
schwarzer Pfeffer
¼ TL Zimt
Abrieb von 1 Limette + Saft von ½ Limette
½ Bund Koriander

Die Rezepte für den Klassischen Maultaschen-Dip und den Erdnuss-Dip findest du auf Seite 144.

1 Wenn du das Mehl abwiegst, teile es direkt auf drei Schüsseln auf (je 147 g, aber wir wollen ja nicht pingelig sein. Schau einfach, dass es dem grob entspricht.): In die erste Schüssel siebst du zusätzlich Kurkuma, in die zweite Schüssel das Rote-Bete-Pulver. Das Mehl in Schüssel drei lässt du pur. Gib nun jeweils eine Prise Salz dazu und mische das gelbe und rote Mehl gründlich durch, sodass du am Ende ein einheitlich und klümpchenfreies Mehl erhältst – ein zartgelbes und ein zartrosafarbenes.

2 Gieße langsam 65 ml Wasser in die erste Schüssel. Knete es so lang unter das Mehl, bis ein gleichmäßiger fester Teig entsteht. Das kann durchaus eine Weile dauern. Auch wenn du denkst, dass daraus niemals ein Teig werden wird und du dringend noch Wasser nachgießen solltest: Tue es nicht und knete einfach weiter! Dasselbe machst du mit Mehl 2 und 3. Die fertigen Teige bedeckst du je mit einem feuchten Tuch und stellst sie zum Ruhen zur Seite.

3 Nun kann es an die Füllungen gehen. Für die Pilzfüllung weichst du am besten erst mal die getrockneten Shiitake in Wasser ein. Dann schälst du den Knoblauch, zerdrückst ihn mit dem Messerrücken, hackst ihn klein und röstest ihn in einer Pfanne mit 2 EL Chiliöl langsam an. Währenddessen kannst du den Tofu, die Pilze und die eingeweichten, grob zerkleinerten Shiitake (drücke vorher das Wasser aus ihnen raus) in einem Blitzhacker oder Mixer schreddern. Achte darauf, dass die Masse bröselig, aber nicht breiig wird. Nun gib alles für einige Minuten zum Knoblauch in die Pfanne. Rühre dabei immer mal um.

4 Vermische Schnittlauch mit Pilzsoße, Sojasoße, Reiswein, frisch gemahlenem Pfeffer sowie etwas Salz und gieße die Soße in die Pfanne. Brate die Masse so lang weiter, bis die Flüssigkeit verdampft ist und die Füllung eine gute Bräune hat. Dann hobelst du den Trüffel darüber und mengst ihn gut unter. Füllung Nummer 1 ist fertig. Stelle sie zur Seite.

5 Für die Linsenfüllung setze zwei Töpfe mit Wasser auf. Schäle die Kartoffel und den Knoblauch, putze den Blumenkohl und schneide alles klein. Sobald das Wasser kocht, gibst du die Linsen in einen Topf und kochst sie nach Packungsanleitung. In den zweiten Topf kommt das Gemüse. Wenn alles gar ist, gieße das Wasser ab und lass alles etwas abkühlen. Du kannst in dieser Zeit schon mal den Kreuzkümmel im Mörser zerstoßen, den Koriander waschen und klein hacken und die Kokosflocken in einer Pfanne ohne Fett goldig rösten.

6 Nun gib Linsen, Gemüse, Koriander, Kreuzkümmel, Pfeffer, Soja- und Chilisoße in eine Schüssel und zerdrücke alles mit einer Gabel, bis eine grobe, noch leicht stückige Masse entsteht – fertig! Die Kokosflocken hebst du noch bis zum Zubereiten der Jiaozi auf.

7 Jetzt kommt die letzte Füllung: Stelle einen Topf mit eiskaltem Wasser parat. Wasche den Pak Choi, schneide ihn grob klein und blanchiere ihn kurz in kochendem Wasser. Lass ihn abtropfen und gib ihn sofort in das Eiswasser.

8 Hacke Frühlingszwiebeln, Schnittknoblauch, die Knoblauchstängel und die Chili und brate all das in einer Pfanne im Öl an. Würze mit frisch gemahlenem Pfeffer und Salz, gib den Zimt dazu und fülle die Mischung in einen Mixer um.

9 Hacke den Koriander grob und gib ihn mit dem Pak Choi auch in den Mixer und zerkleinere alles zu einer grobstückigen, nicht zu feinen Masse. Gib Limettenschale und -saft hinzu. Noch mal umrühren – fertig.

10 Jetzt geht's ans Taschenformen, und im Idealfall hast du ein paar Helfer dabei. Nimm dir zuerst den roten Teig vor und rolle ihn auf einer leicht bemehlten Fläche dünn aus. Vorsicht: Wenn du zu viel Mehl benutzt, wird der Teig trocken (wenn das passiert, gib einfach ein paar Tropfen Wasser hinzu). Greife dir einen großen Becher (etwa 10 cm Durchmesser) und stich damit 20 Kreise aus ❶. Nimm dir jetzt die Pilzfüllung und setze davon je 1 gestr. TL auf die Mitte jeder Teigscheibe ❷. Klappe die gegenüberliegenden Ränder nach oben und drücke sie faltenförmig fest zu einem Halbmond zusammen, sodass sie beim Kochen nicht aufgehen ❸. Lege die fertigen Jiaozi auf einen bemehlten Untergrund, damit sie nicht darauf kleben bleiben und zerreißen ❹. Wenn du den roten Teig aufgebraucht hast, verfährst du mit dem weißen Teig und der Gemüsefüllung genauso. Zum Schluss bleibt die Linsenfüllung für den gelben Teig. Du weißt ja jetzt, wie's geht. Einzige Änderung: Streue auf jedes Häufchen Füllung noch ein paar geröstete Kokosflocken.

11 Im Idealfall hast du nun 20 rote, 20 gelbe und 20 weiße Taschen, wenn es ein, zwei mehr oder weniger sind, ist das auch okay. Falls du einen Dampfgarer hast, setze die Jiaozi hinein und dämpfe sie 25 Minuten. Hast du keinen, schnappe dir den größten Topf, den du finden kannst, und bringe darin Wasser zum Kochen. Sobald es kocht, gibst du die Jiaozi hinein und stellst die Temperatur etwas runter, damit das Wasser nicht wieder stark zu kochen beginnt, da die empfindlichen Taschen sonst schnell kaputtgehen. In China lässt man das Wasser nun eigentlich wieder aufkochen und gießt daraufhin 50 ml kaltes Wasser hinzu. Dann wartet man, bis das Wasser erneut kocht, und gießt wieder kaltes Wasser hinzu. Das macht man drei- oder viermal, bis die Teigtaschen an die Oberfläche steigen. Probiere es gern aus. Es ist aber einfacher, wenn du das Wasser auf niedriger Stufe nur noch ganz leicht köcheln und die Taschen darin gar ziehen lässt. Steigen sie an die Wasseroberfläche, fischst du sie mit einem Schaumlöffel heraus. Sie schmecken hervorragend mit chinesischen Dips (Rezepte findest du auf der nächsten Seite).

KLASSISCHER MAULTASCHEN-DIP

1 EL heller Sesam
1 EL schwarzer Sesam
2 große Knoblauchzehen
1–2 Frühlingszwiebeln
6 EL Dumplingessig
2 EL helle Sojasoße
2 TL dunkle Sojasoße
1 TL geröstetes Sesamöl

1 Röste die hellen und dunklen Sesamkörnchen ohne Fett in einer Pfanne an. Dabei immer schön rühren oder an der Pfanne rütteln! Wenn die hellen Samen braun werden, weißt du, dass sie fertig sind. Stelle sie zum Abkühlen zur Seite.
2 Schäle den Knoblauch, zerdrücke ihn mit dem Messerrücken und hacke ihn ganz klein. Du kannst ihn auch gern durch eine Presse drücken. Schneide die Frühlingszwiebel in feine Röllchen.
3 Verquirle den Essig mit den Sojasoßen und dem Sesamöl und gib Knoblauch, Frühlingszwiebeln und Sesam dazu – fertig ist dein Jiaozi-Dip.

ERDNUSS-DIP

1 kleine Schalotte
1 Knoblauchzehe
1 Spritzer Erdnussöl
3 EL Erdnussmus [crunchy]
100 ml Wasser
2 EL helle Sojasoße
1 EL dunkle Sojasoße
1 ½ EL Dumplingessig
1 Spritzer Sriracha

1 Schäle die Schalotte und den Knoblauch, hacke beides klein und röste es in einem kleinen Topf in Erdnussöl an.
2 Jetzt rühre einfach alle übrigen Soßenzutaten aus der Liste dazu (wenn du die Soße nicht so dick magst, nimm lieber nur 2 EL Nussmus) und lass alles kurz aufköcheln. Bevor du den Dip auftischst, lass ihn etwas auskühlen.

Wundere dich nicht Das Rezept für Erdnuss-Dip ergibt etwa die doppelte Menge des Maultaschen-Dips. Das ist gewollt. Durch seine breiige Konsistenz bleibt viel mehr an jeder gedippten Teigtasche hängen – man benötigt also mehr davon.

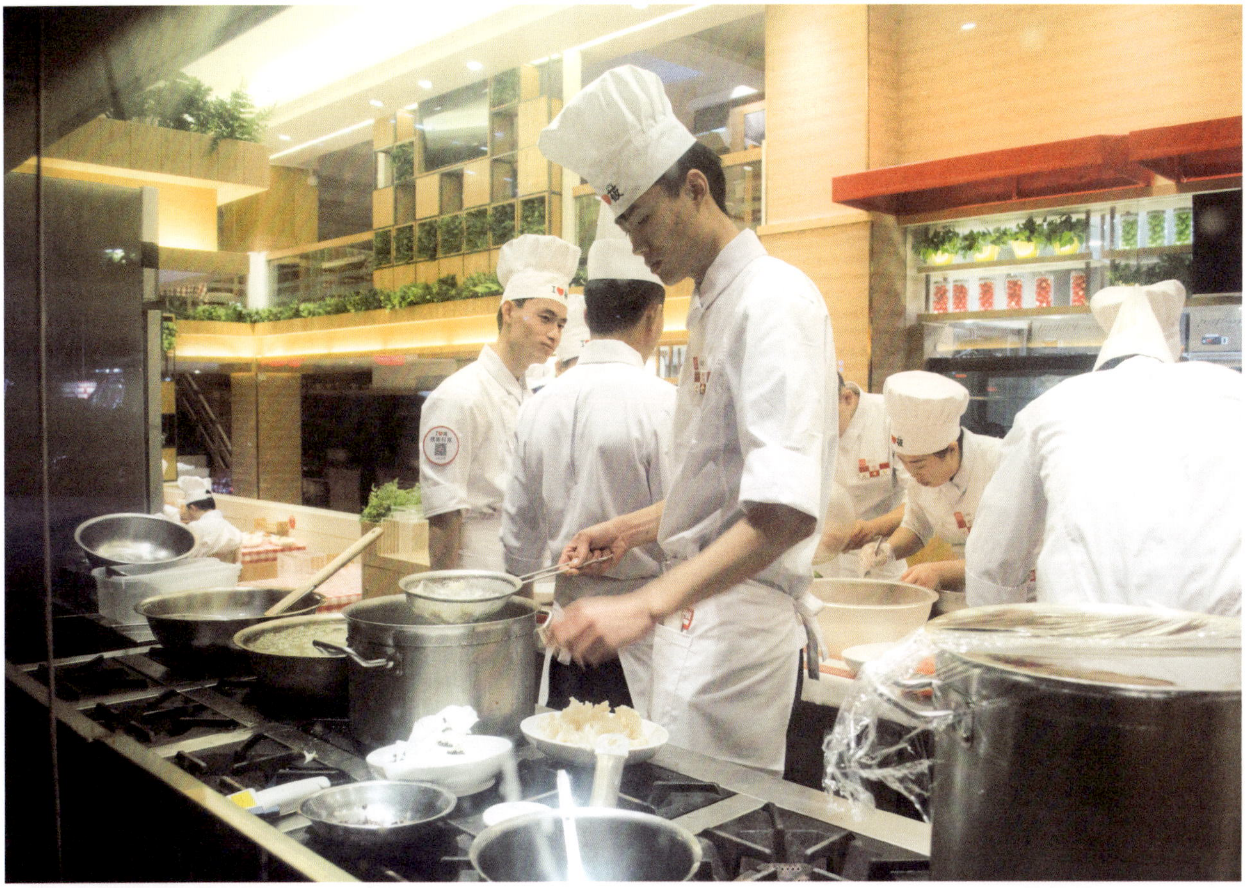

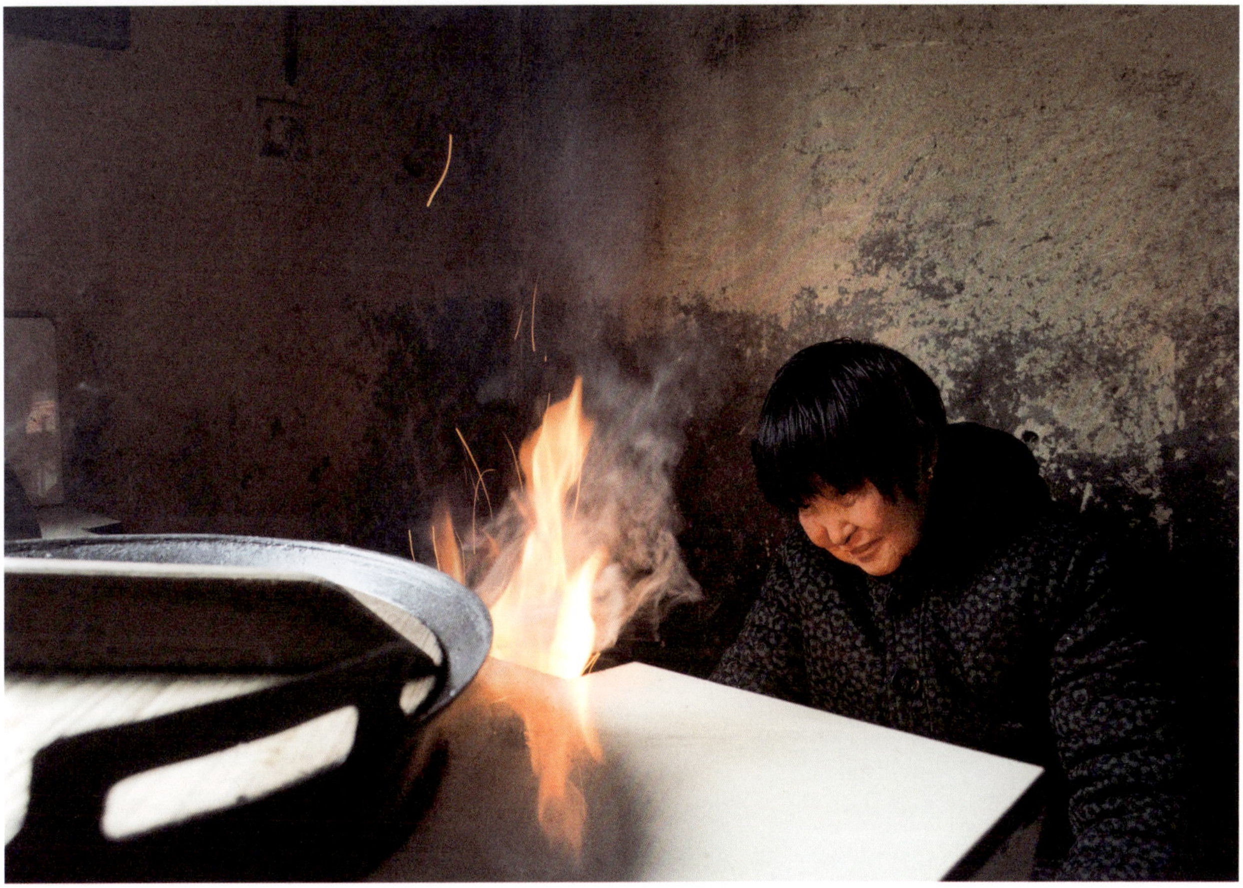

BESONDERE LEBENSMITTEL –
KLEINE WARENKUNDE

① SCHWARZER KNOBLAUCH

ist durch Fermentation verfärbt und schmeckt eher süß und melasseartig. Er hat weder die Strenge noch den verursachenden Mundgeruch mit seinem weißen Pendant gemein. Die Asiaten verwenden ihn nicht statt, sondern zusätzlich zu herkömmlichem Knoblauch und schwören auf seine heilende Wirkung – eine einzige schwarze Zehe soll nämlich so gesund sein wie eine ganze weiße Knolle.

② SCHNITTKNOBLAUCH

stammt aus der chinesischen Provinz Shanxi und wird deshalb auch chinesischer Schnittlauch genannt – obwohl er geschmacklich viel näher an Knoblauch dran ist. An seinen Spitzen sitzen kleine Knospen, unter denen sich hübsche weiße Blütenstände verstecken. Das macht nicht nur jedes Gericht optisch zum Knaller, sondern schmeckt auch. Richtig gelagert, hält sich Schnittknoblauch bis zu zwei Wochen im Kühlschrank.

③ WASSERKASTANIEN

haben mit unseren Esskastanien, den Maroni, nichts außer der Form gemeinsam – was ihnen aber den Namen einbrachte. Eigentlich sind die weißen Knollen die Samen eines chinesischen Sumpfgrases, die auch nach langem Kochen noch knackig sind, einen süßlich gemüsigen Geschmack haben und nach Meinung der Chinesen für guten Atem sorgen. Bei uns gibt es Wasserkastanien bereits geschält in Dosen oder als TK-Ware.

④ OKRA

kommt eigentlich aus Afrika und schmeckt ein wenig nach grüner Bohne. Die länglichen Früchte sollten ganz prall sein und keine braunen Stellen haben. Beim Anschneiden und Erhitzen sondern Okras Schleim ab, was sich prima zum Binden von Soßen und Andicken von Suppen macht, bei manchen Rezepten aber auch unerwünscht ist. Dann hilft es, das Gemüse kurz in Essigwasser zu blanchieren.

⑤ GINSENG

ist der Star der Traditionellen Chinesischen Medizin und soll gegen Krebs, Impotenz, Diabetes, Thrombose, kurz: fast alles helfen. Daher als Wunderwurzel angesehen, wurde Ginseng früher mit Gold aufgewogen, und auch heute noch werden horrende Preise für große, alte Wurzeln bezahlt – immerhin wachsen sie nur einen Zentimeter pro Jahr. Vor allem aber soll Ginseng fit und konzentriert halten.

⑥ LOTUSWURZEL

sollte allein schon wegen des schönen Aussehens ihres Querschnitts mal probiert werden. Die knackige, von sternförmig angeordneten Röhren durchzogene Wurzel schmeckt recht neutral, was sie wunderbar wandelbar macht. In China ähnelt das Wort für Lotus den Wörtern für Liebe und glückliche Ehe, was die viel berühmtere Blüte der Pflanze (die Lotusblüte ist z.B. ein wiederkehrendes Symbol für Erleuchtung im Buddhismus) zum Sinnbild für eine gute Partnerschaft macht.

⑦ CHOI SUM

ist ein typisches, in China weitverbreitetes Blattgemüse, ähnlich Pak Choi und Chinakohl. Die Zubereitung ähnelt der von Blattspinat: Choi Sum wird kurz in der Pfanne geschwenkt und meist mit viel Knoblauch gegessen. Er wird nicht, wie bei uns, als Beilage gereicht, sondern stellt ein eigenes Gericht dar, zu dem gern Reis gegessen wird.

⑧ WASSERSPINAT

wird traditionell erhitzt, dabei schmeckt das grüne Blattgemüse mit den knackigen, hohlen Stängeln als frischer Salat besonders gut. Es ist in China eine der meist verbreiteten und beliebtesten Gemüsesorten und gilt in der TCM aufgrund seiner grünen Farbe als Energiespender, der dem Organ Leber zugeordnet ist und gern als Ausgleich zu Fettigem gegessen wird.

⑨ TARO

steckt voller Stärke, was das Gemüse nicht nur nährstofftechnisch mit der Kartoffel vergleichbar macht – die kleinen dunklen Knollen sehen auch ein bisschen so aus wie behaarte Kartoffeln. Roh ungenießbar, muss Taro erst gekocht werden – dann kann man aus ihm aber Pommes, Stampf und sogar Süßspeisen wie Eiscreme machen.

⑩ YAMS

ist nicht gleich Yams. Es soll mehr als 200 Sorten geben, bei uns werden aber hauptsächlich zwei angeboten: Die chinesische Yams ist eine lange, hellbraune und glatte Stange mit Punkten, die oft vakuumiert im Asiaregal liegt. Die zweite Sorte ähnelt einem Elefantenbein – sie ist dick, groß und erdig schwarz.

⑪ KNOBLAUCHSTÄNGEL

sind die festen, dicken, runden Blütenstängel des Knoblauchs. Sie haben ein etwas milderes Aroma als Knoblauchknollen und werden in China nicht nur als Zutat in Schmor- und Pfannengerichten benutzt. Sauer eingelegt, kann man sie zu Mixed Pickles mischen oder als Salat zubereiten.

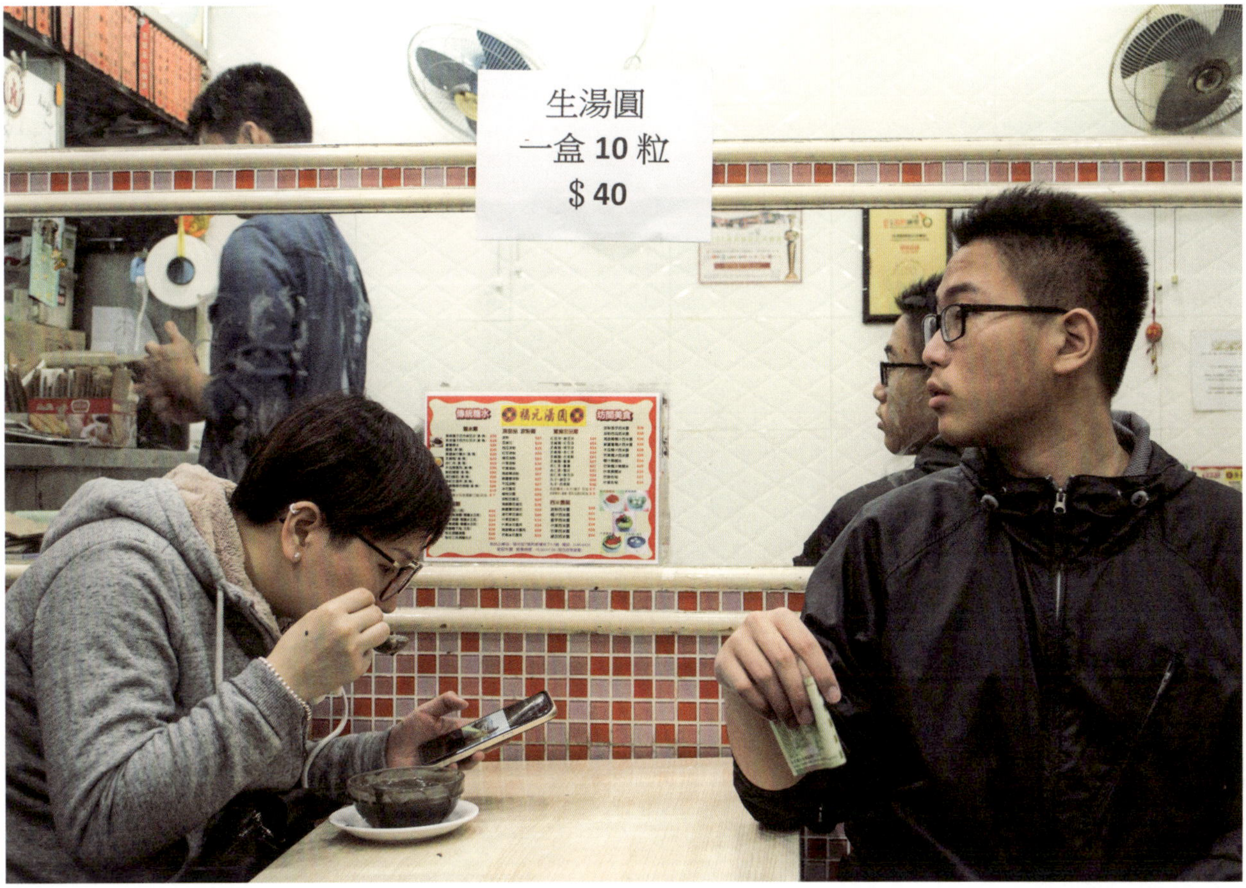

生湯圓
一盒 10 粒
$ 40

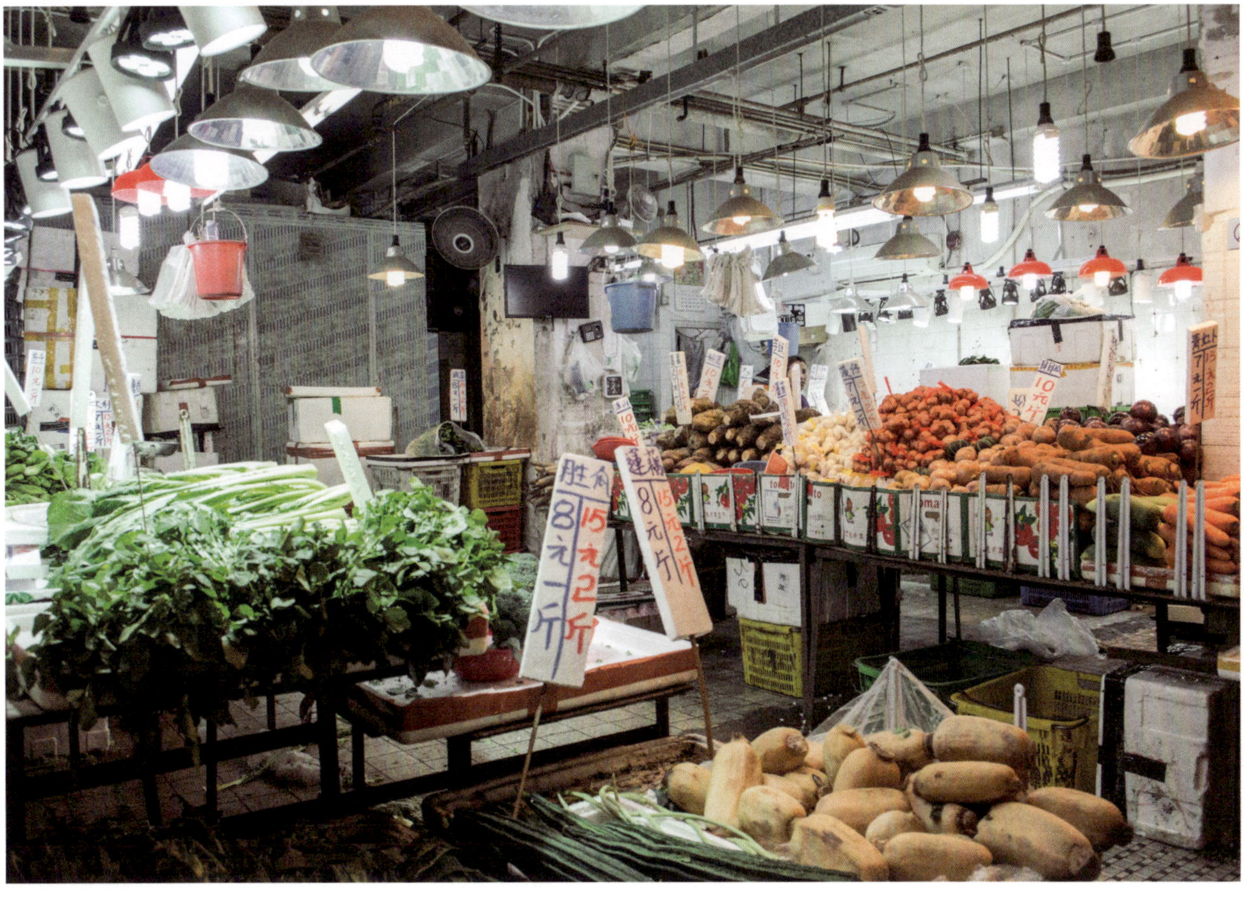

TROCKENPILZPFANNE

Ein Pot voller Pilze. Für manche der Himmel (Caro), für andere ein Graus (Daniel). Da wir hier aber keine Grausgerichte vorstellen, muss irgendetwas an diesem Pot dran sein, das selbst Pilzgegner zu Pilzfreunden macht. Es ist die Konsistenz dieser Pilze: kein glibbernder Schwamm, wie er an den Hüten von Waldpilzen oft zu finden ist, sondern festes Fleisch, das der Textur von Rindfleisch nahekommt. Gewürzt mit kräftigen Aromen aus Knoblauch, fermentierten Bohnen und Chili, ist die Pilzpfanne ein echtes Highlight und befriedigt den Umami-Jieper von Nichtfleischessern wie uns.

30 g getrocknete Ackerlinge
(gibt's im Asiamarkt)
60 g frische asiatische Pilze
(z. B. Shiitake, Shimeji)
1 Zwiebel
1 Knoblauchzehe
je 1 rote und 1 grüne Peperoni
3 EL helle Sojasoße
2 EL dunkle Sojasoße
1 EL Dumplingessig
1 EL Shaoxing-Reiswein
2 TL geröstetes Sesamöl
1 Zimtstange
500 ml Gemüsebrühe
(Rezept siehe Seite 255. Du kannst natürlich auch die Brühe benutzen, die du zu Hause vorrätig hast.)
1 EL Chiliöl
1 EL schwarze, fermentierte Bohnen
1 TL Chiliflocken
schwarzer Pfeffer
Salz

1 Weiche als Erstes die Pilze etwa 30 Minuten in warmem Wasser ein. Bevor du sie später weiterverwendest, lass sie abtropfen und schneide ihr unteres Ende ab.

2 Putze die frischen Pilze, halbiere große Exemplare. Schäle und hacke die Zwiebel und den Knoblauch. Schneide die Peperoni in Ringe und stelle beides separat zur Seite.

3 Nimm eine große Pfanne oder einen großen Topf. Mische die Sojasoßen, Essig, Reiswein und Sesamöl und koche die Flüssigkeit in der Pfanne kurz auf. Gib sofort die Trockenpilze hinein (möglichst so, dass alle flach hineinpassen) und die Zimtstange dazu, warte ½ Minute und gieße dann so viel Gemüsebrühe auf, bis die Pilze bedeckt sind. Schraube die Hitze etwas herunter und lass alles 20 Minuten köcheln. Gieße dabei zwei- bis dreimal wieder Brühe nach und lass sie zum Ende der Kochzeit fast vollständig einköcheln.

4 Erhitze nun das Chiliöl in einem Wok oder einer großen Pfanne und röste die Zwiebel und den Knoblauch darin an. Gib die fermentierten Bohnen hinzu, lass sie kurz anrösten und brate darin die frischen Pilze an. Dann schüttest du die Trockenpilze mit dem Rest der eingedickten Soße aus der ersten Pfanne und die Chiliflocken dazu, gibst die Peperoniringe hinein und lässt alles noch mal ½ Minute schmoren. Würze mit Pfeffer und Salz, fertig!

STREIFENKARTOFFELN – TU DOU SI

Was wir Deutschen gerne zerquetschen (Kartoffeln, Möhren, Pastinaken und Erbsen), schneiden die Chinesen mit einer beeindruckenden und sehr lässigen Perfektion zu Streifen. Zu Beginn der Arbeit an diesem Kochbuch haben wir sämtliche Streifen und Raspel in den Rezepten noch per Hand geschnitten (und nicht selten darüber geschimpft, wenn wir solch ein Gericht für eine große Anzahl von Gästen zubereiteten). Doch relativ schnell investierten wir dann in eine gute Mandoline. Wer gern und viel chinesisch kocht (oder es in Zukunft tun möchte), sollte über diese Anschaffung nachdenken. Ihr könnt mit diesem Gerät perfekt Streifen schneiden und spart euch eine Menge Zeit. Die meisten Chinesen schneiden allerdings immer noch per Hand. Sie benutzen dafür ein großes Fleischmesser und lassen dessen Spitze beim Schneiden permanent auf dem Holzbrett ruhen. Nur die Schneide bewegt sich auf und ab, während die Messerspitze wie der Drehpunkt eines Hebels wirkt. Dass Gemüse in China so gern in Streifen geschnitten wird, hat einfache Gründe: Zum einen vergrößert das Kleinschneiden die Oberfläche, Gewürze und Soßen können viel besser aufgenommen werden. Zum anderen lassen sich Gerichte mit Gemüsestreifen viel besser mit Stäbchen halten.

3 große festkochende
  Kartoffeln
1 TL Essig
2 Frühlingszwiebeln
1 Bund Korianderstiele
4 Knoblauchzehen
½ daumengroßes Stück
  Ingwer

6 getrocknete Chilischoten
1 TL Szechuanpfeffer
1 EL Rapsöl

FÜR DIE SOSSE

2–3 EL Dumplingessig
1 TL Chiliöl
Salz
½ TL Rübenzucker

1 Schäle die Kartoffeln und schneide sie in sehr schmale Streifen. Das klappt prima mit einer Mandoline. Hast du keine, schneide die Kartoffeln erst in dünne Scheiben, dreh diese dann im Ganzen auf die Seite und schneide daraus Streifen.
2 Gib 1 TL Essig in eine Schüssel mit kaltem Wasser und leg die Streifen für 10–15 Minuten hinein.
3 Schneide die Frühlingszwiebel in Ringe und zupfe die Blätter vom Koriander (du benötigst hier nur die Stiele, kannst die Blätter aber prima für andere Gerichte aufheben). Die nun nackten Stiele schneidest du einfach auf Länge der Kartoffelstreifen.
4 Schäle Knoblauch und Ingwer, haue beides mit dem Messerrücken oder einem Holzklopfer platt und hacke es klein. Halbiere die Chilis. Zerstoße den Szechuanpfeffer im Mörser.
5 Rühre aus Dumplingessig, Chiliöl, Salz und Zucker eine Marinade und stelle sie zur Seite.

6 Jetzt lass die Kartoffeln durch ein Sieb abtropfen und spüle unter fließendem Wasser die restliche Stärke aus, bis das Wasser klar bleibt. Leg die Streifen dann auf Küchenpapier und tupfe sie grob trocken.
7 Lass das Rapsöl in einem Wok (oder in einer großen Pfanne) auf mittlerer Stufe heiß werden und röste Knoblauch, Chili, Ingwer und Szechuanpfeffer kurz darin an.
8 Drehe nun die Hitze voll auf und gib die Kartoffeln, die Korianderstiele und Frühlingszwiebeln in den Wok, schwenke alles gut durch und brate die Mischung unter ständigem Rühren etwa 3–5 Minuten (höchstens). Achte darauf, dass die Streifen bissfest bleiben und nicht ganz durchgaren. Das erfordert etwas Beobachtung, ist aber nicht schwer. Sobald die Streifen beginnen, glasig zu werden, gieße die Marinade darüber, schwenke alles noch einmal durch und serviere Tu Dou Si noch heiß.

GLASNUDELN MIT SAUERGEMÜSE

Die Erkenntnisse und Theorien der chinesischen Ernährungslehre haben uns oft zum Staunen gebracht. Allerdings war die Faszination darüber auch ab und zu an Verwirrung geknüpft – etwa als Yinan aus dem Pekinger Buddhismusrestaurant *Tianchu Miaoxiang* uns erklärte, dass Durchfall etwas Erwünschtes, ja Gutes sei und viele Chinesen sich extra Abführmittel kaufen würden, um den Körper von Giftstoffen zu reinigen. Glücklicherweise ging es uns nach dem Essen dort weiterhin gut. Einzig bemängelten wir ein wenig, dass die Glasnudeln mit Sauergemüse recht fad waren. Gewürze wie Pfeffer, Chili und Knoblauch schienen komplett zu fehlen. Wir fragten, ob der Eindruck stimme und Yinan bestätigte uns. Chili mache aggressiv und Lauch und Knoblauch seien dem buddhistischen Glauben nach unerwünschte Zutaten, da sie Mundgeruch verursachen und somit zur Belästigung anderer beitragen – vor allem Gott. Zu dem spräche man schließlich beim Beten und solle ihn nicht anstinken. Ein paar Tage später haben wir dieses Gericht auf der Karte eines anderen Restaurants wiedergefunden und zum Vergleich bestellt. Es war so! viel! köstlicher! Und da wir eh keinen Gottgesprächsbedarf hatten, haben wir auch kein schlechtes Gewissen gehabt.

150 g dicke Süßkartoffel-Glasnudeln

200 g vergorenes Gemüse
(z.B. eingelegte Senfblätter, Mixed Pickles oder Sauerkraut + 1 TL betrunkene Peperoni, wenn du welche da hast. Rezept siehe Seite 243.)

1 Handvoll Cashewkerne

2 Knoblauchzehen

3 Zehen schwarzer Knoblauch

30 g Lauch

8 getrocknete Chilis

2 EL Erdnussöl

2 EL dunkle Sojasoße

2 EL helle Sojasoße

4 EL Dumplingessig

300 ml Gemüsebrühe
(Rezept siehe Seite 255. Alternativ kannst du auch die Brühe nehmen, die du im Haus hast.)

1 Bringe Wasser in einem Topf zum Kochen und lass die Nudeln darin 5–6 Minuten garen.

2 In dieser Zeit kannst du das saure Gemüse abtropfen lassen und in schmale Streifen schneiden.

3 Sobald die Nudeln gar sind, schrecke sie mit kaltem Wasser ab und stelle sie zur Seite.

4 Hacke die Cashewkerne und röste sie ohne Fett schön braun.

5 Schäle den weißen Knoblauch und zerdrück ihn mit dem Messerrücken. Schäle auch die weichen schwarzen Zehen und hacke beide Sorten klein.

6 Halbiere den Lauch längs und schneide die beiden Hälften dann in ganz schmale Ringe. Halbiere die Chilis.

7 Erhitze das Öl in einem Wok oder einer Pfanne, röste Knoblauch und Chili kurz darin an und gib das saure Gemüse und den Lauch hinzu. Brate alles 3–4 Minuten an und vergiss nicht, ab und zu mal zu rühren.

8 Nun gib die Nudeln hinzu, gieße beide Sojasoßen, den Essig und die Brühe darüber und lass die Flüssigkeit einkochen.

9 Serviere alles mit den gerösteten Cashews.

TROCKEN GEBRATENE SCHLANGENBOHNEN

Dieses Gericht kannten wir bereits aus Berlin und fanden es toll. Aber es hat nie zuvor und nie wieder danach so gut geschmeckt wie im *Tianchu Miaoxiang* in Peking. Wir waren gerade gelandet, hatten Megahunger und haben in dem veganen Restaurant viel zu viel bestellt – unter anderem die trocken gebratenen Schlangenbohnen! Sie waren so köstlich, dass wir direkt nach dem Rezept fragten, aber Yinan, die Besitzerin, war nicht da. Wir haben eine gefühlte Ewigkeit um ihre Telefonnummer gebettelt – mit Erfolg. Zwei Tage später lud sie uns in einen ihrer anderen Läden ein (sie hat vier), wo sie uns das Rezept auf einen Zettel schrieb. Als ich es zu Hause nachgekocht habe, schmeckte es aber irgendwie anders: Die Textur der Bohnen stimmte nicht, das Röstaroma war zu dezent, und geschmacklich fehlte es an der richtigen Balance. Weil ich Yinan nicht mehr erreicht habe, war ich gezwungen, selbst auf das Geheimnis ihrer Rezeptur zu kommen – und das ist mir geglückt. Aber obwohl es so einfach zu sein scheint, habe ich dieses Gericht für Caro und mich mit Abstand am häufigsten kochen müssen (was selbstverständlich nicht an meinen mangelnden Kochkünsten liegt!), es hat mir wirklich die Nerven geraubt. Seit Yinan und ihren trocken gebratenen Schlangenbohnen hat das Wort Nervennahrung für mich eine vollkommen neue Bedeutung.

500 g Schlangenbohnen
  (Du kannst auch andere
  grüne Bohnen benutzen.)
½ TL Salz
2 Knoblauchzehen
½ daumengroßes Stück
  Ingwer
25 g eingelegte Senf-
  blätter

1 gehäufter TL schwarze,
  fermentierte Bohnen
5 getrocknete Szechuan-
  chilis (andere getrocknete
  Chilisorten gehen auch,
  sind aber oft schärfer.
  Nimm dann lieber etwas
  weniger.)
2 EL dunkle Sojasoße
1 TL Rübenzucker
2 EL Erdnussöl

1 Putze die Bohnen und schneide sie in fingerlange Stücke.

2 Stelle einen Wok bei hoher Hitze auf den Herd. Wenn er heiß ist, gib die Bohnen ohne Öl, aber mit dem Salz hinein. Brate sie etwa 20–25 Minuten, bis sie schön dunkel angeröstet und schrumpelig sind. Rühre dabei immer mal um, damit sie dir nicht verbrennen.

3 In dieser Zeit kannst du den Knoblauch und den Ingwer schälen, mit dem Messerrücken zerdrücken und klein hacken. Gib die Mischung in eine Schale.

4 Hacke den sauer eingelegten Kohl, zerdrücke die fermentierten Bohnen grob und gib beides mit den Chilis zu den anderen Zutaten in der Schale.

5 Bohnen rühren nicht vergessen!

6 Mische die Sojasoße mit dem Zucker und stelle die Mischung parat.

7 Wenn die Bohnen fertig sind, schütte sie um. Stelle den leeren Wok wieder auf den heißen Herd und gib das Erdnussöl hinein. Schütte die Knoblauch-Sauergemüse-Masse ins Öl und brate alles ½–1 Minute an.

8 Gib die Bohnen und die Soße dazu und rühre etwa 1 Minute, bis die Flüssigkeit verdampft ist. Nun sofort servieren. Die Bohnen schmecken frisch am allerbesten!

美景良辰月圓花好

SÜSSE SESAMBÄLLCHEN AUF SAUER-SALZIGEM GEMÜSE

Süß und salzig, mild und scharf, kross und sämig – dieses Gericht eint die Gegensätzlichkeit wie kein zweites. Es ist der kulinarische Inbegriff von Yin und Yang. Wir haben es ganz zu Beginn unserer Reise in Peking mit Anna und Toni gegessen und viele nachfolgende Gerichte an dieser Geschmacksdetonation gemessen: knusprig heiße Bällchen mit einer süßen, flüssigen Sesamfüllung auf scharf gewürztem, sauer eingelegtem Gemüse. So, so gut! Nun haben wir lang überlegt, wie wir dieses Gericht aufschreiben. Denn die süßen Bällchen gibt es bereits fertig und tiefgefroren in jedem gut sortierten Asiamarkt zu kaufen. Das erspart eine ganze Menge Arbeit. Aber dies ist kein Fertigprodukte-aufwärm-Buch, sondern ein Kochbuch. Also lassen wir euch die Wahl: Wenn es schnell gehen muss, kauft die fertigen Bällchen. Wenn ihr etwas Zeit habt, bereitet die klebrigen Reiskugeln selbst zu. Es lohnt sich!

1 große Knoblauchzehe
2–3 Chilis
70 g eingelegte Senfblätter
80 g Sauerkraut [Wenn du nur eins von beidem hast, Senfblätter oder Sauerkraut, kannst du das Gericht auch so zubereiten. Passe lediglich die Menge an.]
1 Frühlingszwiebel
1 l + 1 TL Erdnussöl
10 angetaute Sesam-Tang-Yuan [Rezept siehe Seite 238; schneller geht's mit den fertigen und tiefgekühlten »Glutinous Rice Balls« aus dem Asiashop. Da dies ein Fast-Food-Gericht ist, brauchst du dabei auch kein schlechtes Gewissen zu haben.]
2 Handvoll Cornflakes [ohne Zucker]
5 EL Polentamehl
1 TL helle Sojasoße
1 TL Dumplingessig
1 TL Pilzsoße [Rezept siehe Seite 259. Du kannst sie aber auch fertig im Asiashop kaufen.]
schwarzer Pfeffer

1 Schäle den Knoblauch und hacke ihn zusammen mit den Chilis klein.

2 Hacke nun auch die eingelegten Senfblätter und das Sauerkraut. Schneide die Frühlingszwiebel in kleine Ringe.

3 Erhitze 1 l Erdnussöl in einem kleinen Topf. Wenn du ein Kochthermometer hast – sehr gut! Dann miss nach, dass die Temperatur mindestens 180 Grad hat. Hast du kein Thermometer, warte einfach einige Minuten, damit das Öl richtig heiß ist.

4 In dieser Zeit kannst du die angetauten Tang Yuan coaten. Zerdrücke dafür grob die Cornflakes und gib sie zusammen mit der Polenta in eine Schüssel. Wälze die Tang Yuan in der Mischung, bis sie rundherum gleichmäßig bedeckt sind. Falls du sie gerade erst aus dem Tiefkühler geholt hast und ihre äußere Schicht noch nicht angetaut ist, tauche sie kurz unter Wasser und wirf die feuchten Bällchen in die Coating-Mischung, damit diese kleben bleibt.

5 Gib die panierten Kugeln in das sehr heiße Öl und frittiere sie kurz darin, jedoch nicht länger als ½–1 Minute, denn sie platzen schnell auf. Leg sie zum Abtropfen auf ein Küchenpapier.

6 Mische Sojasoße, Essig, Pilzsoße und Pfeffer und stelle die Soße kurz zur Seite.

7 Lass nun 1 TL Öl in einem Wok oder einer Pfanne heiß werden und röste den Knoblauch und die Chili darin ½ Minute lang an. Gib das Sauerkraut, die Senfblätter und die Soße dazu und brate alles weitere 2–3 Minuten. Gib die Frühlingszwiebeln hinzu, schwenke alles noch einmal durch und gib das Kraut zu den süßen Sesambällchen.

STARRYS AUFGESPIESSTES GEMÜSE

Wer glaubt, chinesisches Essen beinhalte immer eine – in unseren Augen – klassisch chinesische Zutat (im Klischeefall gern eine süßsaure, fermentierte, soja- oder sesamlastige), der irrt. Chinesisches Essen kann durchaus westlich und dennoch authentisch sein. In den Künstler- und Ausgehvierteln der Großstädte gibt es zahlreiche Diner und Kantinen, die gesunde, leichte und auf den ersten Blick unchinesische Gerichte anbieten – wie diese Gemüsespieße, die Starry aus dem *White Tiger* in Peking für uns gegrillt hat. Dafür werden Kartoffeln und Spargel mit Rosmarin gewürzt, was eher mediterran anmutet – bis man einen goldig gerösteten Shiitake und Shimeji-Pilze vom Spieß zieht. Und spätestens dann zählt nur noch, wie gut dieses Gericht schmeckt!

4 kleine Bio-Kartoffeln
4 Shiitake
4 Stangen grüner Spargel
4 helle Shimeji
8 Cherrytomaten
2 Zweige Rosmarin
schwarzer Pfeffer
Olivenöl
Meersalz

AUSSERDEM

Schaschlikspieße

1   Bringe Wasser im Topf zum Kochen. Schrubbe währenddessen die Schale der Kartoffeln sauber, gib sie dann in den Topf und gare sie etwa 15 Minuten.

2   Falls du große Shiitake gekauft hast, halbiere sie, schneide die holzigen Enden vom Spargel und die Stangen dann in 4 cm lange Stücke. Gib beides zusammen mit den Tomaten und Shimeji-Pilzen in eine Schüssel.

3   Lass die gegarten Kartöffelchen abtropfen, halbiere sie und gib sie ebenfalls dazu.

4   Zupfe die Blätter vom Rosmarin und mische sie mit Pfeffer, einem ordentlichen Schuss Olivenöl und Salz zu einer Marinade und gib alles über das Gemüse. Schwenke es ordentlich durch und lass es mindestens ½ Stunde lang ziehen.

5   Ziehe nun den Gemüsemix auf die Spieße, erhitze Öl in einer Pfanne (prima ist eine Grillpfanne) und röste alles von beiden Seiten goldbraun. Meersalz drüber, fertig. Dazu passt duftender Reis mit geröstetem Sesam. Die Spieße sind übrigens auch ein super Grillgericht im Sommer.

GEBACKENER REIS IM TOPF

Auf unserem Trip sind wir ein paarmal über im Topf angebackenen Reis gestolpert und haben uns fast immer um die am Boden haftende Kruste gestritten. Energie auf diesen kleinen Zweikampf zu verwenden, können wir jedem nur empfehlen – denn was unter dem eh schon großartigen, sämig-gerührten und wärmenden Reis klebt, ist auf den ersten Blick zwar nicht zu sehen (immerhin darf der Reis nicht anbrennen), sorgt im Mund aber für einen tollen Crunch. Die schmackhafteste Variante setzten uns die Jungs aus dem *White Tiger* in Peking vor. Sie kochten ihren Risotto, in dem es vor exotischen Pilzen nur so wimmelte, in einem vegetarischen Dashi. Ganz genau! Ein Gericht mit italienischem Namen in japanischer Brühe – in China gegessen. Hach, Kochen kann so kosmopolitisch sein.

5 Knoblauchzehen

3 Schalotten

200 g gemischte asiatische Pilze [z. B. Shimeji, Austernpilze, Kräuterseitlinge, Enoki, Shiitake]

3 EL Raps- oder Traubenkernöl

10 EL Reis

ca. 800 ml Algenbrühe [Rezept siehe Seite 256]

Salz

4 EL schwarzer Sesam

ein paar Halme Schnittknoblauch oder normaler Schnittlauch

AUSSERDEM

1 gusseiserner Topf (oder Pfanne) mit Deckel

1 Schäle und hacke den Knoblauch und die Schalotten. Putze gegebenenfalls die Pilze und zerschneide sie grob.

2 Erhitze Öl in einem gusseisernen Topf bei mittlerer Stufe und schwitze die Knoblauch-Schalotten-Mischung darin etwa 2 Minuten glasig an.

3 Nun drehe die Hitze voll auf, wirf die Pilze in den Topf und sautiere sie 3–5 Minuten, bis sie weich und angebräunt sind.

4 Schütte den Reis in den Topf und brate ihn 3 Minuten mit an. Rühre dabei regelmäßig um, damit nichts anbrennt.

5 Gieße nun so viel Algenbrühe auf, dass der Reis gut bedeckt ist. Schmecke mit etwas Salz ab, lass die Flüssigkeit noch einmal aufkochen und stelle dann die Hitze herunter. Lass alles zugedeckt etwa 15–20 Minuten in Ruhe vor sich hin köcheln, bis der Reis al dente ist. Schaue zwischendurch aber immer mal nach, dass nichts anbrennt. Eventuell musst du noch mal etwas Brühe nachgießen.

6 In dieser Zeit kannst du den Sesam ohne Fett rösten und den Schnittknoblauch waschen und hacken.

7 Wenn die Garzeit rum und keine Flüssigkeit mehr im Topf ist, stelle die Hitze aus, aber lass den Topf noch 2–3 Minuten geschlossen auf der heißen Herdplatte stehen, damit der Boden leicht anbackt.

8 Jetzt kannst du den Reis servieren. Streue Sesam und Schnittknoblauch drüber, fertig.

PFANNENGERÜHRTER CHOI SUM

Vor unserer Reise gab es zwei Fragen, die uns jeder, wirklich jeder unserer Bekannten gestellt hat. Erstens: »Habt ihr einen Dolmetscher dabei?« Und zweitens: »Könnt ihr da überhaupt was essen?« Zugegebenermaßen ist die chinesische Küche im Vergleich, etwa zur thailändischen, nicht gerade für ihre Veganerfreundlichkeit berühmt – allerdings total zu Unrecht. Es gibt wirklich viele tolle Gerichte in diesem riesigen Land, die ohne tierische Bestandteile zubereitet werden – wie dieses Kochbuch ja eindeutig beweist. Und im Gegensatz zu Deutschland, wo sich jeder ein eigenes, vollständiges Essen bestellt, werden in China viele kleine Speisen an den Tisch getragen. In die Mitte gestellt, ergeben sie im Zusammenspiel ein Ganzes – werden jedoch genauso gern als eigenständiges Gericht gegessen. Daher gibt es unzählige Speisen, die wir in Deutschland abfällig Beilage nennen würden, es aber ab sofort nicht mehr tun sollten! Wer nicht überzeugt ist, sollte diesen Choi Sum probieren.

500 g Choi Sum (Du findest das Gemüse im Asiashop. Alternativ: Wasserspinat oder anderes grünes Blattgemüse.)
3 große Knoblauchzehen
3 frische Chilis
1 TL Salz
2 EL Bio-Alsan
Saft und Abrieb von
 1 Limette
frisch gemahlener Pfeffer

1 Wasche den Choi Sum, schneide die Stielenden ab und drittle ihn.

2 Schäle den Knoblauch, haue ihn mit dem Messerrücken platt und hacke ihn klein. Halbiere die Chilis, entferne die Kerne und schneide sie in dünne Längsstreifen.

3 Bringe Salzwasser zum Kochen und stelle währenddessen schon mal einen weiteren großen Topf mit Eiswasser bereit. Blanchiere die grünen Blätter dann ½ Minute im kochenden Wasser, schütte sie durch ein Sieb ab und gib sie in das Eiswasser zum Abschrecken. Lass sie dann auf Küchenpapier abtropfen.

4 Erhitze die Alsan-Margarine in einem Wok oder einer großen Pfanne, röste den Knoblauch und die Chilistreifen kurz darin an und gib den Choi Sum dazu. Brate ihn nun höchstens 1 Minute rührend an und gib Saft und Abrieb der Limette hinzu. Salze und mahle frischen Pfeffer nach Geschmack darauf.

VON
SHANGHAI
NACH
HANGZHOU

Shanghai! Stadt über dem Meer – grell, futuristisch, laut. Unsere erste Amtshandlung am Morgen: Essen! Immerhin Ziel und selbst gesetzter Auftrag unserer Reise. Wir fuhren ins *You are Vegetarian* zum veganen Brunch und waren uns schnell einig, dass das nicht unsere beste Idee war. Zumindest hatten wir etwas im Magen und waren startklar für unseren ersten Termin – den Besuch des *Taian Table*, eines Private-Dining-Room-Konzepts des deutschen Spitzenkochs Stefan Stiller.

Das Prinzip ist schlicht: Du kannst nur online reservieren, es gibt keinen Walk-in. Der Laden hat lediglich 28 Plätze, die Gäste (selten älter als Mitte dreißig) sitzen um die offene Küche herum – wie bei Freunden zu Hause. Das *Taian* ist ein Lifestyle-Restaurant für junge, wohlhabende Leute. Es wird immer nur ein Menü angeboten – westlich, statt chinesisch geprägt.

Ob er auf bio achte, wollten wir wissen. »Ein Organic-Siegel kann sich hier jeder kaufen. Ich achte lieber darauf, Zutaten aus der Region zu verarbeiten«, erklärte uns Stefan. Dabei bleibt er bei seinen Pfälzer Wurzeln: »Der Renner ist unsere Version des Sauerbratens von der Ochsenbacke, 36 Stunden lang niedrig gegart« – der Gastgeber serviert selbst. Nichts für uns, also folgten wir Stefans Empfehlung und reservierten uns für abends einen Tisch in der *East Asian Eatery*, dem Restaurant seiner Frau Yoshi.

Die beiden kamen 2004 gemeinsam nach Shanghai. Der Pachtvertrag des Michelin-Stern-gekrönten Restaurant *Grand Cru* im *Gasthaus zur Kanne* lief aus, als das Angebot kam, ein Gourmetrestaurant für eine reiche Chinesin zu führen. Sie wagten den Schritt und bereichern seither Shanghais Esskultur.

Von Stefan zu Yoshi mussten wir aber noch ein paar Stunden überbrücken. Wir fuhren nach Tianzifang, einer kleinen Kunst- und Streetfood-Enklave im französischen Viertel Shanghais. Schmale Gassen (Longtan genannt), schöne Villen, Kolonialstilarchitektur – hier verstanden wir, warum die Stadt auch Paris des Ostens genannt wird. Durch Tianzifang selbst drängen sich täglich Tausende Menschen und kaufen Handmade-Souvenirs oder sitzen mit einem Getränk und bunten, gefüllten Dampfbrötchen mit Tiergesichtern drauf in einem der vielen kleinen Cafés.

Als wir Yoshi abends besuchten, hatten wir Megahunger. Die Leute am Tisch hinter uns offenbar auch, denn sie bestellten, als gäbe es kein Morgen. Wir haben es ihnen gleichgetan und alles probiert, was spannend klang. Doch als die Gruppe am Tisch hinter uns ging, sah Daniel, dass deren Teller und Schalen im Gegensatz zu unseren noch fast voll waren.

Yoshi erklärte uns, dass das Wohlstand symbolisiere. Man bestellt einfach viel mehr, als man essen kann, und lässt das meiste unversehrt zurückgehen. Wir hatten das schon oft in China beobachtet: Zu Essensverabredungen wurde Essen bestellt, blieb jedoch dekorativ auf dem Tisch stehen. Es hat uns jedes Mal das Herz gebrochen.

An diesem Abend haben wir uns mit vielen Fragen über diese total andere Kultur im Kopf durch einen Wald von Selfiestangen über den Bund geschlagen – die weltbekannte Uferpromenade, von der aus man die Postkarten-Skyline Shanghais sieht. Nur ab und zu mussten wir mal als Fotoattraktion herhalten – zugegebenermaßen Daniel öfter als ich – was an seiner, für Asiaten faszinierenden, Nicht-Frisur zu liegen scheint.

Neujahr erreichten wir dann die Teestadt Hangzhou, wanderten durch die Plantagen und tranken eine Menge des berühmten Produkts der Stadt: Drachenbrunnentee. Sam und Xiao standen an meinem Geburtstag nachts mit veganer Torte vor der Hoteltür, und Daniel musste herhalten, sie zu essen, da sie leider schrecklich süß schmeckte. Vielleicht lag es am Zucker, aber irgendetwas veranlasste mich dazu, mir an diesem Tag thailändisches Essen zu wünschen. Wir haben nie wieder danach in China eine andere Küchenrichtung als die einheimische ausprobiert.

HOT POT

Während Caro und ich immer Jiaozi wollten, wenn die Frage nach dem Essen hochkam, rief die einheimische Front unermüdlich »Hot Pot!« – die chinesische Version von Fondue und der dortige Foodtrend schlechthin. An jeder Ecke machte gerade ein neuer Hot-Pot-Laden auf. Und die häufigste Antwort, die wir auf die Frage nach dem Lieblingsessen der Leute gehört haben, war tatsächlich: »Hot Pot!« Ich bin generell kein großer Freund von Fondue und finde es oft unbefriedigend – vor allem, wenn ich Hunger habe. Es dauert einfach ewig, bis ich satt bin. Und da man dabei letztlich bloß Essen in Brühe gart, ist Fondue auch geschmacklich meist bloß mittelmäßig. Aber natürlich kriegt man ein Fondue auch richtig lecker hin – wie mit diesem Rezept für den beliebten Feuertopf. (Achtung: Der ist wirklich scharf! Und fettig. Aber das ist ja auch keine Suppe.) Und weil das chinesische Äquivalent für »Guten Appetit!« wörtlich übersetzt »Iss langsam!« bedeutet (»Man man chi!«), müssen Schnellesser wie ich sich eh zügeln. Und gesünder ist es auch.

Da Hot Pot recht aufwändig ist und etwas Planung bedarf, haben wir dieses Rezept für vier Personen berechnet. Der Aufwand lohnt sich aber, denn es ist ein tolles Gericht für einen Abend mit vielen Freunden. Hast du den Basisfond erst einmal fertig, kannst du die Anzahl der mitessenden Personen ganz leicht erhöhen, indem du einfach mehr Gemüse als Einlage für den Pot besorgst.

FÜR DIE BASIS

20 g getrocknete chinesische Chilis [Szechuan- oder Hunanchilis. Du kannst aber auch normale getrocknete Chilis nehmen.]
1 Muskatnuss
8 Nelken
1 Zimtstange
8 Lorbeerblätter
3 Sternanis
1 gestr. EL Fenchelsamen
1 gestr. EL Kreuzkümmelsamen
1 gestr. EL Senfsaat
1 gestr. EL schwarze und weiße Pfefferkörner gemischt
2 schwarze Kardamomkapseln

200 g Chili-Bohnen-Paste [Rezept siehe Seite 252. Du kannst die Paste aber auch fertig im Asiashop kaufen.]
200 ml Chiliöl [Rezept siehe Seite 251. Du kannst aber auch gekauftes Öl verwenden.]
100 ml heller Reiswein
1 ganze Knoblauchknolle
1 daumengroßes Stück Ingwer
1 Stange Zitronengras
35 g Szechuanpfeffer [rot und grün]
30 g Chiliflocken
1 EL Currypulver
1,2 ml Gemüsebrühe [Rezept siehe Seite 255. Du kannst aber auch andere Brühe verwenden.]

EINLAGE NACH WUNSCH. FÜR 4 PERSONEN Z. B.

4 Kartoffeln
2 Handvoll grüne Bohnen
½ Brokkoli
½ Blumenkohl
8 Austernpilze
8 Shiitake
300 g Gewürztofu
250 g dicke Süßkartoffel-Glasnudeln

PLUS

1–2 Frühlingszwiebeln
½–1 TL Salz
3 EL Hefeflocken

ZUM DIPPEN

chinesische Sesampaste [mit Wasser glatt gerührt]
Maultaschen-Dip [Rezept siehe Seite 144]
Erdnuss-Dip [Rezept siehe Seite 144]
Korianderöl [Rezept siehe Seite 200, hier jedoch zu einem Pesto püriert.]

AUSSERDEM

1 Rechaud oder 1 tragbare Kochplatte. Hast du beides nicht da, versuch's mit einem Stövchen oder vier leeren Blechbüchsen, die du an den Seiten durchlöcherst, je ein Teelicht hineinstellst und darauf den Hot Pot heiß hältst.

AM VORTAG

1 Gib die getrockneten Chilis im Ganzen, die Muskatnuss, Nelken, Zimt, Lorbeer und Sternanis in einen kleinen Topf.

2 Mörsre den Fenchel zusammen mit Kreuzkümmel, Senfsaat, Pfeffer und den Körnchen aus den Kardamomkapseln und gib alles zu den anderen Gewürzen.

3 Bringe 250 ml Wasser zum Kochen und gieße es über die Mischung. Lass alles 45 Minuten ziehen.

4 Nimm dir einen richtig großen Topf und gib die Chili-Bohnen-Paste, das Chiliöl und den Reiswein hinein. Schäle den Knoblauch und den Ingwer und klopfe beides zusammen mit dem Zitronengras (am besten mit einem Fleischklopfer) platt. Gib alles zum Öl.

5 Mörsre den Szechuanpfeffer grob und gib ihn mit den Chiliflocken, dem Currypulver und der Gemüsebrühe ebenfalls in den Topf. Erhitze die Mischung auf höchster Stufe und rühre dabei immer schön um. Sobald sie kocht, drehe die Hitze herunter und lass alles 10 Minuten köcheln.

6 Gib nun die eingeweichten Gewürze inklusive Flüssigkeit aus dem kleinen Topf in den großen Topf, lass alles wieder aufkochen und noch mal für etwa 10–15 Minuten kochen. Die Hot-Pot-Basis ist jetzt fertig.

AM SERVIERTAG

1 Schäle, putze und zerschneide das Gemüse in mundgerechte Stücke. Schneide auch den Tofu klein. Putze die Frühlingszwiebeln und schneide sie in Ringe.

2 Koche die Hot-Pot-Basis auf dem Herd auf. Wenn dich stört, dass all die Gewürze im Pot schwimmen und du lieber die pure Flüssigkeit servieren möchtest, fange die Gewürze vor dem Erhitzen einfach durch ein Sieb auf und koche nur die Brühe auf. Stelle sie nun auf dem Tisch auf das Rechaud oder die Kochplatte. Gib Salz nach Geschmack, die Hefeflocken und Frühlingszwiebelröllchen hinein und rühre noch mal gut um.

3 Jetzt kann's losgehen: Jeder kriegt einen Fonduespieß oder eine Gabel und kann nach und nach, den ganzen Abend hindurch, Gemüsestücke, Nudeln und Tofu in die Brühe werfen, darin garen lassen und wieder herausfischen, in einen der Dips dippen, und ab in den Mund!

DRACHENKUCHEN

Im Herbst feiern die Chinesen das Mondfest, zu dessen Anlass sie kleine, von Region zu Region unterschiedlich gefüllte Kuchen essen und zu Hauf verschenken. Angeblich backen die wenigsten Chinesen diese Mondkuchen noch selbst, sondern bringen fertig gekaufte, wunderschön mit Schriftzeichen und Mustern verzierte Küchlein als Gastgeschenk mit. Drin ist entweder eine süße oder salzige Füllung, im Idealfall eine Mischung aus beidem – was das Prinzip von Yin und Yang verkörpert. Dieser kleine Kuchen hier schmeckt aber nicht nur im Herbst und enthält weder Eigelb noch Zuckerrübensirup oder Schmalz – was traditionell oft verbacken wird. Unter seiner Knusperoberfläche aus veganem Blätterteig verstecken sich süße Litschis in einer würzigen Füllung: Ying und Yan.

10 g getrocknete Shiitake
40 g rote Linsen
100 g Kürbis
40 g Maroni
50 g Omagemüse [Rezept siehe Seite 185]
3 Knoblauchzehen
2 Schalotten
½ daumengroßes Stück Ingwer
1 TL Fünf-Gewürze-Pulver [kriegst du als »Five Spice« im Asiamarkt]

½ TL chinesische Sojabohnenpaste
1 TL Schwarze-Bohnen-Paste [Rezept siehe Seite 253. Es gibt sie aber auch fertig im Asiamarkt zu kaufen.]
200 ml Gemüsebrühe
1 EL geröstetes Sesamöl
100 g Litschis [Ohne Schale und Kern sollten 50 g übrig bleiben.]

Abrieb von 1 Limette
4 Platten veganer TK-Blätterteig [Lass ihn bis zur Benutzung im TK-Fach liegen. Der Teig schneidet sich am besten, wenn er kalt ist. Ist er schon angewärmt, leg ihn noch mal ins Eisfach.]
Öl und Mehl für die Form
ca. 2 EL Rote-Beete-Saft

AUSSERDEM

1 Minispringform oder andere ofenfeste, runde Form mit einem Durchmesser von 10–12 cm
Ausstechformen nach Lust und Laune [Drachen kannst du z. B. auch online auf etsy.com oder hbs24.de bestellen.]

1 Weiche zuerst die Trockenpilze in Wasser ein, heize den Backofen auf 200 Grad (Ober- und Unterhitze) vor und setze einen Topf mit Wasser für die Linsen auf. Sobald es blubbert, koche die Linsen etwa 5 Minuten.

2 Kratze die Kerne aus dem Kürbis und reibe sein Fleisch durch eine Küchenreibe. Hacke die Maroni klein und gib sie dazu. Nun mische das Omagemüse unter. Hast du keins vorbereitet, ersetze die Menge durch ein Mehr an Maroni. Der Kuchen schmeckt dann zwar milder, aber dennoch sehr lecker.

3 Nun schäle Knoblauch, Schalotten und Ingwer und hacke alles schön klein.

4 Drücke die eingeweichten Pilze aus, hacke sie ebenfalls und gib sie zur Kürbismischung.

5 Rühre das Fünf-Gewürze-Pulver und beide Bohnenpasten in die Gemüsebrühe und stelle sie kurz zur Seite.

6 Erhitze das Öl in einer großen Pfanne oder im Wok und röste die gehackten Gewürze darin an. Gib die Kürbismischung dazu und brate alles ein paar Minuten scharf an. Lösche alles mit der Brühe und lass es so lang köcheln, bis alle Flüssigkeit verdampft ist. Dann stelle die Mischung kurz zur Seite.

7 Schäle die Litschis und entferne ihren Kern. Wenn du keine frischen Früchte bekommst, nimm 50 g aus der Dose. Du kannst nun die fertigen Linsen, die Litschis und den Limettenabrieb unter den Kürbis mischen.

8 Hole den Blätterteig aus dem Tiefkühler. Nutze deine kleine Ofenform als Schablone und schneide aus 2 Blätterteigplatten mit einem sehr scharfen Messer je 1 Kreis aus. Die dritte Platte schneidest du in 3–4 Streifen, die der Höhe deiner Ofenform entsprechen – aus denen baust du den Rand des Kuchens. Und aus der vierten Blätterteigplatte stichst du mit der Drachenausstechform (oder eben einer anderen) die jeweiligen Figuren aus.

9 Nun fette die ofenfeste Form ein, bemehle sie und leg den ersten ausgeschnittenen Kreis als Boden hinein. Leg den Rand der Form mit den Teigstreifen aus und drücke beides mit den Fingern etwas zusammen, sodass sich der Teig verbindet.

10 Fülle die Kürbismischung bis knapp unter den oberen Rand in die Form und drücke alles sanft und gleichmäßig fest.

11 Nimm die zweite Teigscheibe und leg sie als Deckel auf den Kuchen. Drücke auch hier wieder ihren Rand mit dem der Teigseitenteile gut zusammen. Pinsele den Kuchen gleichmäßig mit Rote-Bete-Saft ein. Dann leg die ausgestochenen Figuren auf den roten Deckel.

12 Backe den Kuchen auf mittlerer Schiene etwa 15 Minuten. Wenn du dunkleren Teig magst, kannst du die Springform auch bis zu 30 Minuten im Ofen lassen, solltest den Kuchen dabei aber beobachten, damit er nicht verbrennt. Dazu schmeckt ganz wunderbar ein frischer grüner Salat mit einem limettigen Dressing und frischen Kräuter

TOFUWAFFELN MIT OFENGEMÜSE

Diese Waffeln haben wir in einem Brunchrestaurant in Wuhan gegessen. Ehrlicherweise haben uns dort die meisten Sachen überhaupt nicht geschmeckt, was uns nach und nach auf die Laune schlug. Nach etwas lieblosem Auf-dem-Teller-Gepicke kam eine Angestellte aus der Küche und füllte das Buffet auf – mit diesen Waffeln. Ob der Koch unsere stillen Wünsche erhört oder bloß Schichtende hatte und die Waffeln von seinem begabteren Nachfolger zubereitet wurden – egal. Die gute Laune war wiederhergestellt.

FÜR DAS OFENGEMÜSE

3 Knoblauchzehen
1 rote Zwiebel
4 kleine Möhrchen
½ Fenchelknolle
3 kleine Rote Beten
150 g Kürbis
2 TL Fenchelsamen
Salz
schwarzer Pfeffer
2 EL Shaoxing-Reiswein
2 EL Erdnussöl

FÜR DIE CHINESISCHE ANANAS-SALSA

2 kleine Schalotten
1 TL geriebener Ingwer
½ Bund Koriander
½ kleine Ananas
Saft + Abrieb von
    ½ Limette
½ TL Hoisinsoße

FÜR DIE WAFFELN

300 g Aromatofu
    (gibt's im Asiamarkt)
100 ml Reismilch
2 EL Mehl
1 TL betrunkene Peperoni
    (Rezept siehe Seite 243.
    Hast du keine vorbereitet
    oder magst es lieber
    scharf, kannst du auch
    frische Chilis benutzen.)
Salz

AUSSERDEM

1 Waffeleisen

1 Heize deinen Backofen auf 200 Grad Ober- und Unterhitze vor. In dieser Zeit kannst du den Knoblauch schälen, mit dem Messerrücken zerdrücken und klein hacken. Schäle die rote Zwiebel und schneide sie in dicke Spalten.

2 Schäle die Möhren und Beten (dafür solltest du dir Küchenhandschuhe anziehen, da die Knollen richtig doll abfärben) und schneide beides in grobe Stücke. Kratze mit einem Löffel die Kerne aus dem Kürbis und schneide ihn in Spalten. Gib das Gemüse in eine Schüssel.

3 Nun mörsere die Fenchelsamen und mische sie mit etwas Salz, Pfeffer, Shaoxing-Reiswein und 2 EL Erdnussöl zu einer Marinade, vermische diese mit dem Gemüse und schütte alles auf ein mit Backpapier ausgelegtes Backblech. Stelle es nochmal kurz zur Seite.

4 Schäle nun die Schalotten und würfle sie klein. Gib sie mit dem geriebenen Ingwer in eine Schale. Hacke den Koriander klein und gib auch ihn dazu. Dann schäle die Ananas, schneide ihren harten Strunk raus und hacke das Fruchtfleisch in kleine Würfel. Mische sie mit Limettensaft, -abrieb und Hoisinsoße, gib sie mit in die Schale und menge alles nochmal gut durch. Stelle die Mischung zur Seite.

5 Lass den Tofu gegebenenfalls abtropfen und gib ihn mit Reismilch, Mehl, den (vorher mit Küchenpapier abgetrockneten) Peperoni und einer Messerspitze Salz in einen Mixer und pürier daraus einen dicken, homogenen Teig. Er sollte eine kartoffelbreiige Konsistenz haben. Du kannst gern mit etwas Reismilch nachhelfen.

6 Nun schiebe das Gemüse für 15 Minuten in den Ofen. Heize als Nächstes dein Waffeleisen auf und backe aus dem Teig goldige Waffeln. Nicht wundern: Bis die Waffeln fest sind, kann es durchaus länger dauern als mit normalem Waffelteig. Hab etwas Geduld.

7 Serviere die Waffeln mit der chinesischen Ananas-Salsa und dem Gemüse. Lass es dir schmecken!

FISCH OHNE FLOSSEN

Man kann Daniel nach dem ersten Kaffee am Morgen oder nachts um drei aus dem Tiefschlaf geweckt fragen, was er gern essen möchte: Er wird »Papayasalat« oder »Aubergine« antworten. Letzteres klingt verwunderlich, da er bis vor ein paar Jahren auf die Frage »Was findest du richtig eklig?« neben Rosenkohl und Pilzen auch Aubergine genannt hätte. Rosenkohl und Pilze haben ihn in bestimmten Gerichten umstimmen können, gehören aber dennoch nicht zu seinen Favoriten. Geschmorte chinesische Aubergine allerdings ist mittlerweile das, was früher mal ein Wiener Schnitzel für ihn war. Wo auch immer sie auf der Karte stand oder steht: Daniel bestellt sie. In der Szechuanküche scharf, in Peking eher süß, ist dieses Gericht nicht nur bei ihm ein Bestseller. Umso erstaunlicher, dass wir die leckerste Variante nicht in China, sondern in Berlin gegessen haben. Shaohuan Wolf, die in Kreuzberg *Tangs Kantine* betreibt (nach ihrem Mädchennamen Tang), hat dieses Gericht perfektioniert. Sie benutzt eine spezielle Bohnenpaste, die Pi-Xian-Broad-Bean-Paste (gibt's in ausgewählten Asiashops oder online), und frittiert das violette Gemüse gleich doppelt. Übersetzt heißt das Gericht im Original »Aubergine mit Fischaroma«, aber mit Fisch hat dieses deftige und geschmackstiefe Essen so gar nichts zu tun. Also gab Tang ihm den Namen »Fisch ohne Flossen«. Du wirst es lieben!

400 g Aubergine
100 g Kartoffelstärke
(alternativ 1–2 EL
Speisestärke aus Mais)
1½–2 l Rapsöl zum
Ausbacken
½ daumengroßes Stück
Ingwer

2 Knoblauchzehen
1 TL Dicke-Bohnen-Paste
(Tipp: Nimm die Pi-Xian-
Broad-Bean-Paste – die
schmeckt am besten!)
1 TL chinesische Chilipaste
(alternativ: Sriracha)
4 TL dunkle Sojasoße

1 EL helle Sojasoße
80 g Rübenzucker
70 g Dumplingessig
1 Frühlingszwiebel
Salz
nach Bedarf: Pilzsoße zum
Abschmecken

1 Schneide die Aubergine in etwa 1 cm dicke Scheiben. Kleine längliche Auberginen kannst du so lassen, bei größeren Exemplaren solltest du die Scheiben halbieren oder in Viertel schneiden, damit sie nicht zu groß sind.

2 Wälze die Stücke in der Stärke, mit der sie gut bedeckt sein sollten.

3 Lass Öl in einem Wok oder großen Topf heiß werden. Es muss richtig doll heiß sein, damit die Aubergine gelingt. Wenn du ein Kochthermometer hast, warte, bis das Öl 180 Grad erreicht hat.

4 Jetzt gib die Auberginenstücke nach und nach für ganz kurze Zeit in das heiße Öl – rein und sofort wieder raus! Lass sie auf Küchenpapier abtropfen. Das Öl benötigst du noch mal.

5 Schäle und hacke den Ingwer und den Knoblauch. Brate beides mit der Bohnenpaste in etwas Öl auf mittlerer Hitze in einer großen Pfanne an. Gieße nach etwa 2 Minuten 100 ml Wasser in die Pfanne, rühre Chilipaste, die Sojasoßen, Zucker und Essig unter und lass die Soße köcheln, bis der Zucker eingekocht ist. Hacke währenddessen die Frühlingszwiebel und stelle sie an den Rand.

6 Rühre 1 EL der Kartoffelstärke mit 2–3 EL Wasser in einem Schälchen an und gieße die Flüssigkeit langsam und unter Rühren in die Pfanne zur Soße. Es soll eine dicke dunkle Soße entstehen, die von Konsistenz und Farbe an eingedickte Balsamicosoße erinnert. Wenn deine Soße noch zu flüssig ist, rühre noch mal 1 EL Stärke mit Wasser an und rühre ihn langsam unter. Stelle die Hitze aus, halte die Soße aber noch auf der heißen Platte warm. Schmecke sie mit Salz und – falls du es herzhafter magst – mit 1 EL Pilzsoße ab.

7 Erhitze das Frittieröl wieder, bis es sehr heiß ist, und backe die Auberginenstücke ein zweites Mal nach und nach aus, bis sie knusprig sind. Gib sie dann sofort in die Soße, streue die Frühlingszwiebel drüber, schwenke alles ein-, zweimal gut durch und serviere den Fisch ohne Flossen sofort! Er darf nicht lang stehen, sonst wird die Aubergine in der Soße wieder weich.

AUBERGINE SÜSSSAUER

Dass Essen nicht als Trost eingesetzt werden soll, weiß man. Pädagogisch ist das nicht sehr sinn-voll, aber tatsächlich haben nicht viele Dinge einen solchen Belohnungseffekt wie eine Kugel Eis nach einem aufgeschlagenen Knie. Mein aufgeschlagenes Knie war an diesem Tag ein Tiertrans-port, meine Eiskugel diese Aubergine. Aber von vorn: Auf unserer Fahrt nach Zhenzhou gerieten wir morgens um vier in eine Autobahnsperre. Wir wollten die Nacht durchfahren, durften wegen schlechter Sichtverhältnisse aber nicht weiter. Alles war nebelig und versmogt, stehende Sattel-schlepper und Pkws reihten sich dicht an dicht auf den Fahrspuren. Wir konnten nichts tun, also schliefen wir. Als der Nebel morgens aufbrach, hörte ich ein Blöken und wischte über die beschla-gene Seitenscheibe. Ich starrte direkt auf einen Tiertransport. Ich habe selten auf offener Straße solch ein Elend gesehen. Die Hälfte der Lämmer darauf schien schon nicht mehr zu leben. Aus allen Ritzen der fünf offen vergitterten Etagen hingen Beine, die Fellberge, die keinen Anfang und kein Ende zu haben schienen, klebten voller Kot. Es war minus 3 Grad, und die Musik im Auto kam gegen das Schreien der Schafe nicht an. Ich heulte auf der Stelle los und sah hilflos und fassungslos mit an, wie alle anderen Menschen ohne jede Spur von Anteilnahme an dem Transport vorbei zur Toilette schlenderten. Mit ihrem Hündchen auf dem Arm, scherzend – und Xiao saß vorn und knabberte Hühnerfüße. Es war das schlimmste Erlebnis der ganzen Reise und brachte mich immer zum Weinen, wenn ich nur daran dachte. Die Chinesen haben das nicht verstanden. Sie hatten eher Mitleid mit mir und nannten mich eine Göttin, da ich um die Tiere weinte. Andere erklärten mir, ich sei nur traurig, weil ich dort auf dieser Autobahn die Seelen meiner Vorfahren gesehen hätte. Diese hätten das Leid aber verdient, da sie in einem früheren Leben schlecht waren. Ich habe mir den Einwand gespart, dass nicht all die Milliarden Tiere in all den Tierfabriken der Welt mit mir verwandt und böse gewesen sein können – sondern aß still mein Trostessen: diese Aubergine.

1 Aubergine
1–2 EL grobes Salz
80 g Zuckerschoten
1 große Tomate
1 EL Rapsöl
2 EL fermentierte schwarze Bohnen (gehackt)
200 g passierte Tomaten
2 EL heller Reisessig
1 EL heller Reiswein
1 TL Reissirup
1 TL getrocknete gemör-serte Chilis (alternativ: Chiliflocken)
schwarzer Pfeffer

AUSSERDEM

1 ofenfeste Form mit Deckel (alternativ: Alufolie zum Abdecken)

1 Entferne den Stielansatz der Aubergine und schneide sie in fingerdicke Stücke. Vermenge sie in einer Schüssel mit dem groben Salz und leg sie dann auf dick ausgelegtes Küchen-papier. Lass sie dort 1 Stunde lang liegen. Wische (nicht wa-sche!) das Salz danach ordentlich ab und tupfe die Stücke noch mal schön trocken.
2 Heize den Ofen auf 200 Grad (Umluft: 180 Grad) vor.
3 Schneide währenddessen die Zuckerschoten in Streifen und die Tomate in Spalten. Gib beides in eine große Schüssel.
4 Brate die Auberginenstücke in Rapsöl scharf an und gib sie zu dem übrigen Gemüse.
5 Hacke die fermentierten Bohnen und mische sie mit den passierten Tomaten, Essig, Reiswein und -sirup, getrockneten Chilis und etwas Pfeffer zu einer Soße. Gieße sie über das Gemüse, menge alles vorsichtig durch und kippe den Schüssel-inhalt in eine ofenfeste Form.
6 Schiebe die Form für 20 Minuten in die Röhre. Schmeckt klassisch mit Reis, aber auch mit Buchweizen, Hafer oder Gerste.

OMAGEMÜSE

Auf unserer Reise sind wir ein paarmal über dieses Gericht gestolpert und haben es immer bestellt, wenn wir es auf einem der Fotos auf den Speisekarten identifizieren konnten. Unseren chinesischen Freunden zufolge ist es lediglich ein Resteessen – wobei es diesen Titel vollkommen zu Unrecht trägt, da es der schönen Idee der Lebensmittelachtsamkeit folgt. Wie es wirklich heißt, wissen wir bis heute nicht. Gefühlt hat es jeder, den wir danach fragten, anders genannt. Die beste Version haben wir in einem minikleinen Dorf in den Bergen oberhalb Huaihuas gegessen. In dem Höchstens-zehn-Seelen-»Ort«, aus dem mindestens die Hälfte der Bewohner noch nie herausgekommen war, lehrte uns ein uraltes Pärchen, wie man Klebreisbrötchen selbst herstellt. Dazu prügelten wir mit riesigen Holzhämmern auf gekochten Reis in einem Trog ein, immer im Wechsel, bis aus dem Reis ein Brei wurde, der durch seinen hohen Amylopektin-Anteil einen klebrigen Teig bildete. Zur Stärkung kochte uns die höchstens 1,50 Meter große, 87-jährige Liu Fang danach dieses Gemisch aus gehacktem Gemüse. Seither hieß es bei uns nur noch Omagemüse. Und wie wir später herausfanden, wird es auch – in größeren Mengen vorbereitet – als Zutat für andere Gerichte benutzt.

30 g getrocknete, gehackte, gesalzene Senfblätter (Schau dir die Senfblätter durch die Verpackung an. Dried salted mustard ist oft zu salzig. Wenn du das Salz mit bloßem Auge siehst, wasche die Blätter vor der Weiterverwendung gründlich ab.)

90 g Ji Cai (TK, gibt's im Asiashop)

25 g getrocknete Ackerlinge (gibt's im Asiashop)

1 Möhre

¼ Kohlrabiknolle

1 große Knoblauchzehe

1 kleine Zwiebel

2 EL geröstetes Sesamöl

1 EL Shaoxing-Reiswein

1 EL dunkle Sojasoße

Salz

schwarzer Pfeffer

1 Übergieße die getrockneten Senfblätter, Ji Cai und die getrockneten Pilze mit heißem Wasser, bis alles bedeckt ist, und lass die Zutaten 15 Minuten darin weich ziehen und auftauen. Bevor du sie später weiterbenutzt, gieße das Einweichwasser ab.

2 Schäle in der Zeit die Möhre und den Kohlrabi und würfle beides klitzeklein.

3 Schäle den Knoblauch und die Zwiebel, zerquetsche den Knoblauch mit dem Messerrücken und hacke beides klein. Stelle es kurz zur Seite.

4 Hacke nun auch Ji Cai, die Senfblätter und Pilze.

5 Erhitze das Öl in einer Pfanne und röste die Knoblauch-Zwiebel-Mischung darin ein paar Minuten an.

6 Nun gieße den Reiswein und die Sojasoße zum Ablöschen in die Pfanne und gib alle klein gehackten und gewürfelten Zutaten dazu. Brate alles einige Minuten – aber nicht zu lange – an, sodass die Gemüsewürfel noch Biss haben. Rühre dabei immer mal um.

7 Nun musst du nur noch mit Salz und frisch gemahlenem Pfeffer abschmecken, und fertig ist das Omagemüse – zum Direktessen (am besten mit duftendem Reis) oder zum Weiterverarbeiten als Zutat in anderen Rezepten. Du kannst es dafür einfach einfrieren und bei Bedarf auftauen.

TOFU

Alles andere als bloßer Fleischersatz: Tofu ist in Asien als wichtiger Eiweißlieferant nicht nur Hauptnahrungsmittel, sondern ein komplett eigenständiges Lebensmittel mit langer Tradition. Gut, die Buddhisten – überzeugte Vegetarier – imitieren seit Jahrhunderten Fleischprodukte mit Soja, dennoch wird der Bohnenquark völlig losgelöst von Fleisch benutzt. In vielen berühmten Gerichten ist sogar beides drin: Fleisch und Tofu. Wie etwa im Mapo-Tofu, einem scharfen Klassiker der Szechuanküche, der im 19. Jahrhundert von der pockennarbigen Frau eines Kochs in Chengdu erfunden worden sein soll, was die Übersetzung des Rezeptnamens erklärt: »Tofu nach Art der alten pockennarbigen Frau«.

Für guten Tofu braucht es nicht viel mehr als Soja, Wasser und Kalziumchlorid sowie hier und da ein paar Gewürze. Dennoch ist die Herstellung alles andere als leicht, die perfekte Textur zu erreichen eine kleine Kunst für sich. Denn von sahnig über weich bis fest – Tofusorten gibt es viele. Man kann sie gewürzt, frittiert, geräuchert oder getrocknet kaufen. Hier siehst du, welche Arten wir im Buch benutzen und was sie unterscheidet.

① AROMATOFU

schmeckt leicht, frisch und dank einer Prise Anis wunderbar aromatisch. Wir benutzen gern den Aromatofu von Treiber Tofu aus Berlin, da er – im Gegensatz zu vielen Tofusorten aus Asiamärkten – ohne Gentechnik hergestellt wird und eine tolle Konsistenz hat. Er ist angenehm fest, lässt sich prima braten, grillen und (püriert) sogar zu Teig verarbeiten. Unsere Waffeln auf Seite 178 sind aus Aromatofu gebacken.

② GEWÜRZTOFU

mögen wir besonders gern. Während Naturtofu eher geschmacksneutral ist und sich daher gut den Soßen und Zutaten eines Gerichts anpasst, ist Gewürztofu für sich allein schon toll aromatisch. Ob kalt, wie beim Feuervogel-Tofu auf Seite 58, oder kross gebraten – durch die enthaltene Sojasoße und verschiedene Gewürze befriedigt der dunkle, feste Tofu schnell einen Umami-Jieper.

③ FIRM TOFU

ist fester als Seidentofu, aber weicher als unser westlicher Naturtofu. Er ist besonders zart: Einerseits so geschmeidig, dass man ganz leicht etwas von seiner Masse herauslöffeln kann, andererseits hält er in Würfel geschnitten dem Bratvorgang in der Pfanne stand – trotzdem muss man natürlich vorsichtig sein. (Oft steht auf der Verpackung aber ein Hinweis, ob er für Pfannengerichte geeignet ist.) In China wird dieser weiche Tofu gern in Panade frittiert – und diese Mischung aus einer krossen Außenhülle und einem ganz weichen, heißen Innen ist unwiderstehlich!

④ TOFUHAUT

ist nichts anderes als die getrocknete Haut, die sich beim Erwärmen von Sojamilch an der Oberfläche bildet. Sie wird in Form von flachen, eckigen Blättern, aber auch zusammengerollt zu langen Stangen angeboten und muss vor dem Essen erst eingeweicht werden. Gründlich abgespült und in schmale Streifen geschnitten, kann man aus ihr einen tollen Salat machen (Seite 120).

⑤ TOFUKNOTEN

gibt es getrocknet und als Tiefkühlprodukt. Getrocknet sind die Knoten nichts anderes als verschlungene Tofuhautstangen (siehe Tofuhaut), bei den TK-Knoten (Soy Sheet Knots) handelt es sich um frische, geknotete Tofuhaut, was das Einweichen überflüssig macht. Die frischen Knoten haben – fast wie Pasta – eine weichere Textur als ihr getrocknetes Pendant, sind aber dennoch schön bissfest.

LEMON-TOFUKNOTEN

Zitrone, Zitronengras, kandierte Zitronen und Kaffirlimettenblätter – dieses Ofengericht vereint so viele Zitrusaromen, dass man den mittlerweile zur Kalenderweisheit verkommenen Text von Virginia Woolf »Wenn das Leben dir Zitronen schenkt, mach Limonade draus« endlich mal umschreiben sollte. Denn es macht viel mehr Sinn, dieses leckere Sommeressen damit zuzubereiten. Versprochen!

3 Knoblauchzehen
1 Zwiebel
1 Stange Zitronengras
2 Chan Pui Lemons
(Kandierte Zitronen, findest du online. Du kannst aber auch ½ TL Zitronat nehmen.)
½ kleiner Brokkoli

400 g dünne Yams
(chinesische Yams)
½ Bund Petersilie
1 EL Rosmarin
2 Kaffirlimettenblätter
100 g Tofuknoten (TK, aufgetaut; keine getrockneten)
Abrieb und Saft von 1 Zitrone

1 EL Chiliöl
schwarzer Pfeffer
1 EL helle Sojasoße
1 gestrichener TL chinesische Sojabohnenpaste
150 ml Gemüsebrühe
(Rezept siehe Seite 255. Du kannst aber auch andere Brühe verwenden.)
ggf. Meersalzflocken

AUSSERDEM
1 ofenfester Topf mit Deckel (Wenn du keinen hast, nimm eine Auflaufform und Alufolie.)

1 Heize den Ofen auf 200 Grad Ober- und Unterhitze vor (Umluft: 180 Grad).

2 Schäle den Knoblauch und die Zwiebel und schneide gegebenenfalls die trockenen Enden vom Zitronengras.

3 Zerklopfe den Knoblauch und das Zitronengras mit einem Fleischklopfer oder dem Messerrücken und hacke beides zusammen mit der Zwiebel und den kandierten Zitronen klein.

4 Teile den Brokkoli in kleine Röschen, schäle die Yamsstange und schneide sie in kleine Würfelchen. Hacke die Petersilie.

Gib alles zusammen mit dem Rosmarin, Kaffirlimettenblättern, Tofuknoten, Zitronensaft und -abrieb, Chiliöl und Pfeffer in die ofenfeste Form.

5 Mische aus Sojasoße, Bohnenpaste und Brühe eine Soße und schütte sie über das Gemüse. Setze den Deckel drauf und schiebe alles für 30 Minuten in den Ofen.

6 Anschließend kannst du alles mal durchrühren und dann noch einmal für 30 Minuten in den Ofen schieben. Salze bei Bedarf vor dem Servieren mit Meersalzflocken.

TARO-TOFU

Essen als Medizin – der traditionellen chinesischen Lehre nach hilft ein gesundes Essen aus richtig kombinierten Zutaten (und deren Farben) besser gegen körperliche Beschwerden als viele chemische Medikamente. Wie das geht, erklärte uns Li Chuandeng, der mit 33 Jahren bereits als Medizinmann in Luoyang arbeitet und uns Weisheiten wie »Goji ist für alles gut« beigebracht hat. Er rät seinen Patienten nicht nur zu einer veganen Ernährung, sondern auch zur Kombination von süß und sauer, salzig und bitter – Geschmacksrichtungen, die den Organen des Körpers zugeordnet werden und, richtig eingesetzt, heilen können. Dazu kommt die Konzentration – auf das Hier und Jetzt (»Wenn du isst, dann iss«) und auf das Wesentliche (»Iss nur so viel, wie du unbedingt brauchst«). Das soll Nervosität, Aggressionen und Depressionen verhindern und gilt unter Naturheilkundlern als Burn-out-Prävention. Gerade heute, in einer Zeit voller Stress, uneingeschränkter Mobilität und ständiger Erreichbarkeit, findet das alte Wissen wieder Gehör und wird bei der chinesischen Jugend zum Trend. Und selbst wir ertappten uns dabei, unser Essen plötzlich nach Geschmacksrichtungen und Farben auszuwählen. Als wir Tage später nachts in Shanghai ankamen, war mir unfassbar schlecht. Aber Daniel ging in diesem toten Randbezirk noch mal los und suchte (eindeutig berlingeprägt) so etwas wie einen Späti oder eine Tanke, um mir eine gelbe (gut für den Magen) Banane zu besorgen. Ich habe in den Tagen darauf oft Gelbes gegessen – wie diesen tollen Taro-Tofu mit Creamy Mais, einem fast breiig gekochten Mais, der das Gericht besonders cremig machte. In Kombination mit Taro und Thymian – herrlich. Und siehe da, es ging mir schnell besser. Ganz ohne Gojibeeren.

2 Taro-Knollen (etwa 280 g)
50 g chinesischer Sellerie
  (Du kannst auch normalen Stangensellerie benutzen. Nimm dann aber möglichst die inneren, zarten Stangen.)
½ daumengroßes Stück Ingwer

300 g weißer Tofu
  (Im Asiamarkt gibt es Firm Tofu, der ist härter als Seidentofu, aber weicher als unser westlicher fester Naturtofu. Genau diesen benötigst du.)
1 EL Bio-Alsan

260 g Mais »Creamy Style« (Gibt es in Dosen im Asiashop. Dieser Mais ist fast breiig und macht das Gericht schön cremig.)
3–4 Zweige Thymian
Saft einer kleinen Saftorange
frisch gemahlener Pfeffer
Salz

AUSSERDEM
1 ofenfester Topf mit Deckel (Wenn du keinen hast, bereite alles in einem normalen Topf zu, fülle es zum Backen in eine ofenfeste Form und nutze Alufolie als Deckel.)

1 Heize den Ofen vor (250 Grad; Umluft: 230 Grad).
2 Schäle den Taro und schneide ihn in kleine Würfelchen. Stelle ihn zur Seite.
3 Putze und hacke den Sellerie, schäle den Ingwer und reibe ihn.
4 Lass den Tofu abtropfen und schneide ihn in 2 cm große Würfel.
5 Erhitze die Alsan-Margarine in einem ofenfesten Topf und brate den Taro zusammen mit Sellerie und Ingwer kurz auf mittlerer Stufe darin an.

6 Gib Mais und Thymian dazu, würze mit frisch gemahlenem Pfeffer und etwas Salz und hebe vorsichtig den Tofu unter. Er ist recht weich, pass also auf, dass du ihn nicht zermatschst. Drücke die Saftorange darüber aus und schiebe den Topf mit Deckel in den Ofen (oder fülle alles in eine ofenfeste Form und schiebe diese mit Alufolie bedeckt in den Ofen). Backe den Taro-Tofu für 15 Minuten.

KOHLPÄCKCHEN AUF QUINOA

In Hongkong verabredeten wir uns mit Michelle Hong von *Rooftop Republic* – einem kleinen Unternehmen, das es sich zum Ziel gesetzt hat, Menschen wieder einen emotionalen Bezug zu ihren Lebensmitteln zu verschaffen. Zusammen mit ihren drei Kollegen betreibt Michelle einige Urban-Gardening-Flächen auf den Dächern von Hongkong, setzt sich so für nachhaltigen Gemüseanbau ein und gibt Workshops zum Thema. Während unseres Treffens erklärte ihr Kollege Andrew Tsui gerade einem Dutzend aufgeregter Grundschul-Kids, wo ihr Essen eigentlich herkommt – und hat es im Dachgarten nebenan direkt mit ihnen geerntet. Möhren, Zwiebeln, Kartoffeln – die Kinder haben gestrahlt bis über beide Ohren, als sie das Gemüse aus der Erde ziehen durften. Ein Mädchen hat vor Freude so laut gequiekt, dass uns fast das Trommelfell geplatzt ist. Sie konnte nicht fassen, dass Essen in der Erde wächst – und nicht im Supermarktregal. Am Ende des Workshops nahmen die Kleinen nicht nur ihre Ernte, sondern auch ein unablässiges Glitzern in den Augen mit nach Hause – und wir Michelles Lieblingsrezept (dessen Zutaten sie teilweise aus ihrem Stadtgarten bezieht).

8 Wirsingblätter
½ daumengroßes Stück
  Ingwer
3 Knoblauchzehen
1 Schalotte
1 kleine Möhre
150 g Aubergine
4 Shiitake
50 g Weißkohl [Falls du
  welchen übrig hast.
  Ansonsten ersetze ihn
  gern durch Wirsing, den
du ja eh für dieses Rezept
  benötigst.]
2 Frühlingszwiebeln
1 EL Sesamsaat [am besten
  schwarz und weiß
  gemischt]
3 EL Rapsöl
120 g bunte Quinoa
300 ml Gemüsebrühe
  [Rezept siehe Seite 255.
  Du kannst natürlich auch
  andere Brühe benutzen.]

1–2 EL Chiliöl
2 EL helle Sojasoße
2 EL Shaoxing-Reiswein
1 ½ EL Pilzsoße
Saft einer kleinen Limette
1 TL Schwarze-Bohnen-
  Paste [Rezept siehe Seite
  253. Es gibt sie aber auch
  fertig im Asiamarkt zu
  kaufen.]
½ TL Reissirup
geröstetes Sesamöl

1–2 kleine Chilis [frisch,
  gehackt]
Salz
schwarzer Pfeffer

AUSSERDEM

10 Holzspieße oder
  Rouladennadeln

1 Bringe Wasser auf dem Herd zum Kochen. Schneide die harten Strunkstellen aus den Wirsingblättern und stelle eine Schüssel mit eiskaltem Wasser bereit. Gib gegebenenfalls ein paar Eiswürfel hinein.

2 Sobald das Wasser kocht, gib die Wirsingblätter für etwa 3 Minuten hinein, fische sie dann mit einer Schöpfkelle heraus und gib sie zum Abschrecken in das eiskalte Wasser. Lass sie anschließend abtropfen und tupfe sie vorsichtig mit Küchenpapier trocken [damit das Öl in der Pfanne beim Anbraten nicht spritzt].

3 Schäle Ingwer, Knoblauch und die Schalotte und hacke alles klein.

4 Schäle die Möhre und schneide sie zusammen mit der Aubergine, den Pilzen, dem Weißkohl und einer der Frühlingszwiebeln grob klein und gib alles in einen Mixer oder Blitzhacker. Häcksle das Gemüse klein.

5 Schneide die zweite Frühlingszwiebel in Röllchen und röste den Sesam. Stelle beides beiseite.

6 Erhitze 1 TL Rapsöl in einem Topf, röste die Quinoakörner kurz darin an und lösche sie dann mit der Gemüsebrühe. Lass sie etwa 15 Minuten köcheln, bis die Flüssigkeit aufgesogen wurde [notfalls gießt du einfach noch etwas Brühe oder Wasser nach].

7 Lass nun das Chiliöl in einem Wok oder einer großen Pfanne heiß werden, glasiere darin die Ingwer-Zwiebel-Mischung, gib das gehäckselte Gemüse dazu und brate alles – immer mal rührend – gut an.

8 Mische nun aus Sojasoße, Reiswein, Pilzsoße, Limettensaft, Schwarze-Bohnen-Paste, Reissirup, einem ordentlichen Schuss Sesamöl und den zerhackten Chilis eine Soße, schmecke nach Bedarf mit Salz und frisch gemahlenem Pfeffer ab und begieße damit die Gemüsemasse. Mische alles gut durch und nimm es erst vom Herd, wenn die Flüssigkeit komplett verdampft ist.

9 Schnappe dir jetzt die Kohlblätter und gib je 1 EL der Masse auf je 1 Wirsingblatt. Rolle die Enden über der Füllung vorsichtig ein und stecke die entstandenen Päckchen mit einem Spieß fest.

10 Erhitze etwas Rapsöl in einer großen Pfanne und brate die Kohlpakete darin von allen Seiten auf mittlerer Stufe an, bis sie schön angeröstet aussehen.

11 Mische jetzt die Frühlingszwiebelröllchen und den Sesam unter die Quinoa, verteile sie auf Teller und gib die Kohlrouladen darauf.

LOTUSWURZELKÜCHLEIN

In Hongkong wurden wir auf die *Green Monday*-Bewegung aufmerksam. Deren Initiatoren promoten nicht nur pflanzliche Ernährung und engagieren sich gegen Lebensmittelverschwendung, sie haben es sich auch zur Aufgabe gemacht, unsere CO_2-Bilanz zu verbessern. Ihr Ansatz: ein fleischfreier Tag für alle pro Woche – ein Green Monday. Andy Leung, mit dem wir uns ein paar Tage später trafen, erklärte uns: »Der Verzicht auf Fleisch an einem einzigen Wochentag würde in Hongkong jährlich 900.000 Tonnen CO_2 einsparen, 300 Millionen Tierleben retten und den Wasserverbrauch um 375 Milliarden Liter reduzieren.« Um dieses Ziel zu erreichen, arbeiten Andy und seine Kollegen mit Behörden, aber auch Kantinen und Restaurants zusammen, wovon viele die Veggie-Gerichte mittlerweile auf die reguläre Tageskarte gesetzt haben. Die Nachfrage ist groß, der Grund dafür so einfach wie genial: In Zusammenarbeit mit den Restaurantköchen wurden Rezepte entwickelt, die auch Fleischesser spannend finden. Ein gutes Beispiel dafür sind diese Lotuswurzelküchlein. Die sind nämlich nicht nur montags, sondern auch von Dienstag bis Sonntag ein Knaller.

4 getrocknete Shiitake
550 g Lotuswurzel
1 Handvoll Dulse-Algen
20 g eingelegte Senfblätter (trocken getupft)
½ daumengroßes Stück Ingwer

1 Frühlingszwiebel
Rapsöl
1 EL Schwarze-Bohnen-Paste [Rezept siehe Seite 253. Du kannst sie aber auch fertig im Asiashop kaufen.]

Spritzer Reissirup
1 TL frisch gemahlener weißer Pfeffer
Salz
6 TL Maisstärke
4 EL Semmelbrösel

1 Weiche zuerst die Shiitake 10 Minuten in warmem Wasser ein.

2 Schäle in dieser Zeit die Lotuswurzel und reibe sie durch eine Küchenreibe in eine Schüssel.

3 Gib die Dulse zu den Shiitake und lass beides weitere 5 Minuten einweichen.

4 Hacke die Senfblätter ganz klein.

5 Drücke nach der Einweichzeit die Pilze und Algen aus, hacke sie klein und gib sie in ein Schälchen. Schäle den Ingwer, hacke ihn und die Frühlingszwiebel ebenfalls und mische beides unter die Pilz-Algen.

6 Erhitze nun 1 EL Rapsöl in einer Pfanne und brate die Pilzmischung darin auf mittlerer Hitze 2–3 Minuten an. Gib dann die Schwarze-Bohnen-Paste dazu, rühre noch mal gut um und schütte die Masse zu den Lotusraspeln.

7 Stelle die Pfanne wieder auf den Herd und röste die gehackten Senfblätter darin 1 Minute an, gib den Reissirup dazu, lass die Blätter kurz karamellisieren und gib sie zur Lotusmasse.

8 Mahle frischen Pfeffer dazu, salze nach Geschmack und mische alles gut durch. Dann drücke die Masse kräftig aus, um sämtliche Flüssigkeit herauszuquetschen! Siebe nun die Maisstärke gleichmäßig darüber und mische sie gründlich unter.

9 Forme nun kleine Bratlinge (mit einem Durchmesser von etwa 4 cm). Das funktioniert gut, indem du die Masse in deiner Hand nach und nach zu einer festen Kugel presst, als wolltest du sie weiter auspressen. Drücke sie dann in der Handkuhle leicht flach und paniere sie vorsichtig mit Semmelbröseln. Die Bratlinge können leicht zerfallen. Wenn du vorsichtig bist, kriegst du das aber hin.

10 Erhitze ordentlich Öl in einer großen Pfanne und brate die Küchlein bei mittlerer Hitze von beiden Seiten goldig braun. Auch hier: Sei vorsichtig beim Wenden. Nun kannst du sie z.B. zu Salat, mit Reis oder Maniokpüree [Rezept siehe Seite 139] essen.

SÜSSKARTOFFELN DES PHÖNIX MIT SZECHUANBUTTER

Die einfachsten Gerichte sind manchmal die tollsten. Frisches Brot mit Öl und Salz zum Beispiel. Oder eben geröstete Kartoffeln mit Butter. In China werden Süßkartoffeln aus der Glut an jeder Straßenecke als Streetfood verkauft – auch in Fenghuang, die als schönste Stadt Chinas gilt. Und bei Tag ist da was dran: In der gut erhaltenen Altstadt stehen heute noch am Rand des Flusses Tuo Jiang antike Diaojiaolou-Häuser (was so viel wie »Häuser mit hängenden Beinen« heißt) auf Stelzen. Bei Nacht zeigt die Stadt allerdings ein anderes Gesicht: mit gleißender Rotlichtästhetik, aufdringlichen Kitschkram-Verkäufern und puffiger, leider oft dreckiger Budget-Zimmervermietung. Das einzig Schöne zwischen all dem Schmuddel sind dann eben jene Süßkartoffeln aus der Glut, die perfekt in diese Stadt passen: Denn Fenghuang ist das chinesische Wort für Phönix, den heiligen Feuervogel, der in der chinesischen Mythologie nicht nur für ein langes Leben steht, sondern, wie diese Kartoffeln, aus dem Schmutz, also der Asche, kommt. Und für ein langes Leben sorgen sie ganz bestimmt auch noch.

6 kleine Süßkartoffeln
Meersalz

FÜR DIE SZECHUANBUTTER

1 daumengroßes Stück
 Ingwer
1 EL Szechuanpfeffer
½ Stück Bio-Alsan
 (Zimmertemperatur)
Meersalz

AUSSERDEM

1 Grill

1 Leg die Kartoffeln mit der Schale in die Glut. Wende sie alle paar Minuten, bis sie nach etwa 25 Minuten (größere Kartoffeln können auch länger brauchen) von allen Seiten total schwarz und innen gar sind.

2 Währenddessen kannst du den Ingwer schälen und reiben, den Szechuanpfeffer im Mörser schön klein zerstoßen und beides mit einer Gabel unter die Margarine mischen.

3 Schmecke mit Salz ab und stelle die Mischung noch mal kurz in den Kühlschrank.

4 Wenn die Kartoffeln fertig sind, kannst du sie halbieren und das goldgelbe Kartoffelfruchtfleisch entweder ganz leicht herausheben oder – falls es an der Schale klebt – mit dem Löffel herausschaben. Butter drauf, Meersalz drüber – fertig!

FEUERMAIS MIT KORIANDERÖL

Dieses Rezept wirkt auf den ersten Blick so gar nicht chinesisch, aber wir essen in Deutschland ja auch nicht nur Haxe und Kraut, oder? Es ist ein ganz simples, aber umso tolleres Gericht. Du solltest allerdings Zahnstocher parat legen, da man nach dem Essen eine Maiskorn-Kräuter-Zahn-leiste hat – was lustig ist, wenn man mit vielen Leuten grillt und »Wer lacht am grünsten« spielt. Übrigens: Du kannst den Mais auch außerhalb der Grillsaison im Backofen oder in der Pfanne zubereiten.

4 frische Maiskolben
(Wenn keine Saison ist, kannst du auch vor-gegarte, vakuumierte nehmen.)
etwas Öl
Meersalz

FÜR DAS KORIANDERÖL

3 Knoblauchzehen
2 Stangen Zitronengras
2 Kaffirlimettenblätter
1 Bund Koriander
1 Limette
250 ml Olivenöl
schwarzer Pfeffer

AUSSERDEM

1 Grill

1 Gib die geputzten und von Blättern befreiten Maiskolben in kochendes Wasser und gare sie 15-20 Minuten vor.

2 In dieser Zeit kannst du das Korianderöl zubereiten. Schäle dafür den Knoblauch, putze gegebenenfalls das Zitronengras und klopfe beides und die Kaffirlimettenblätter mit einem Fleischklopfer oder dem Messerrücken platt. Hacke den Kori-ander und gib alles in ein Schraubglas.

3 Reibe die Schale von der Limette und presse ihren Saft dazu. Gieße die Mischung mit Olivenöl auf und mahle frischen Pfeffer dazu.

4 Tupfe den fertig gegarten Mais trocken und öle ihn rund-herum leicht ein. Grille die Kolben, bis sie von allen Seiten schön geröstet sind.

5 Nun kannst du das frische Öl und Meersalz über die heißen Kolben geben und es dir schmecken lassen.

RETTICHKUCHEN AUF ZWEIERLEI ART

Unser letzter Abend in Peking war ein echtes Stimmungs-Yin-und-Yang: Er begann düster und endete fröhlich. Wir hatten schon unzählige Hotels abgeklappert (ich schwöre, es waren mehr als achttrilliardensiebentausendfünfhundertneunundsechzig), als wir zum wiederholten Male an einer Rezeption abgewiesen wurden – weil wir Deutsche sind. Sam mutmaßte, dass das Einheimischenhotels sein müssten, die unschlagbare Preise boten – aber eben nur für Chinesen, wohingegen Touristenhotelbesitzer die Ausländer übers Ohr hauten. Wir hatten schon keine Lust mehr zu diskutieren, als eine blonde Europäerin mit Zimmerschlüssel an uns vorbei zu den Fahrstühlen lief. Es stellte sich heraus, dass die Blonde, als Bekannte vom Chef, zu Einheimischenkonditionen nächtigen durfte, was Sam zur Weißglut brachte – und sein Geschimpfe bescherte uns wiederum ein Zimmer. Vom Streiten müde, legten sich unsere chinesischen Freunde schlafen, während Daniel und ich losgingen, um etwas zu essen. Wir fragten in vier Restaurants nach veganem Essen, wurden aber jedes Mal angeschaut, als fragten wir nach frischer Unterwäsche. In einem Laden wurden wir ausgelacht, im nächsten neugierig fotografiert, aber im letzten wurden wir fündig. Außer uns saß nur noch eine größere Truppe grölender und eher grobschlächtiger Männer an einem runden Tisch, unter dem eine beachtliche Zahl geleerter Schnapsflaschen lag. Die Kerle beäugten uns eindringlich und kamen irgendwann zu uns rüber. Der Boss der Truppe zog ein Handy aus seiner Tasche, sprach etwas hinein und drückte einen Knopf. Das Übersetzungsprogramm auf dem Gerät begann zu sprechen: »Welcome in Beijing!« Dann boten sie uns einen Schnaps auf die Freundschaft an – und ein Stück Rettichkuchen.

5 getrocknete Shiitake
1 weißer Rettich (z.B. Daikon, etwa 750 g)
175 ml Gemüsebrühe (Rezept siehe Seite 255. Du kannst aber natürlich auch andere Brühe benutzen.)
100 g Seitan
1 Knoblauchzehe
1 grüne Chili (Es spricht auch nichts gegen eine rote.)

Abrieb von 1 Limette + Saft von ½ Limette
4 EL Erdnussöl
4 Frühlingszwiebeln
2 TL Fünf+Fünf-Gewürze-Mischung (Rezept siehe Seite 247)
schwarzer Pfeffer
Salz
2 EL Maisstärke
175 g Vollkorn-Reismehl
Alsan und Semmelbrösel für die Kastenform

AUSSERDEM
1 Kastenform

1 Weiche die Trockenpilze in etwas Wasser ein (das Einweichwasser brauchst du später noch, also hebe es auf).

2 Schäle den Rettich und reibe ihn – am besten direkt in einen Topf. Gieße die Gemüsebrühe dazu und lass die Rettichraspel 5 Minuten kochen, bis sie weich und gelblich glasig sind.

3 Würfle in dieser Zeit den Seitan ganz klein. Schäle den Knoblauch und hacke ihn zusammen mit der Chili. Reibe die Schale von der Limette.

4 Erhitze 1 EL des Öls in einer Pfanne und brate darin Knoblauch, Chili und Seitan schön kross an. Gib zum Schluss die Limettenschale dazu, schwenke alles einmal durch und nimm die Pfanne vom Herd.

5 Fische die Pilze aus dem Einweichwasser (nicht wegschütten) und hacke sie zusammen mit den Frühlingszwiebeln (z.B. in einem Blitzhacker oder Mixer) grob klein. Mörsre die Fünf+Fünf-Gewürze-Mischung.

6 Nun gib die Seitan- und Frühlingszwiebelmischung sowie die Fünfer-Gewürze und den Limettensaft zum Rettich, verrühre alles und schmecke mit frisch gemahlenem Pfeffer und Salz ab.

7 Rühre die Maisstärke mit 5 EL des Pilzeinweichwassers an und gieße sie unter Rühren zum Rettich. Gib das Mehl dazu und mische alles gut durch.

8 Fette die Backform mit der Margarine (Alsan) ein und brösle sie großzügig mit Semmelbröseln aus.

9 Gib nun die Rettichmasse in die Form und dämpfe den Kuchen 1 Stunde lang im Dampfgarer.

10 Sobald er fertig ist, lass ihn auskühlen und stelle ihn anschließend für mindestens 6 Stunden in den Kühlschrank. Am besten lässt du ihn darin über Nacht stehen, dann wird er ordentlich fest.

11 Hole den Kuchen aus der Form. Das geht gut, indem du ihn mit einem scharfen Messer vom Rand löst. Schneide ihn in Scheiben. Da er klebt, halte das Messer vor jedem Schnitt unter Wasser.

12 Nun erhitze das restliche Öl in einer großen Pfanne und brate die Kuchenscheiben von beiden Seiten goldig an.

Du kannst den Kuchen auch super als Fingerfood zubereiten. Das wäre dann die zweite der Zweierlei-Art. Dazu schneide den Kuchen nicht in Scheiben, sondern in Würfel, und schwenke sie in Semmelbrösel, sodass sie von allen Seiten gut paniert sind. Stelle 1 l Öl auf den Herd (es muss richtig heiß sein) und gib nach und nach die Kuchenwürfel hinein. Backe sie goldig und knusprig aus und lass sie dann auf Küchenpapier abtropfen.

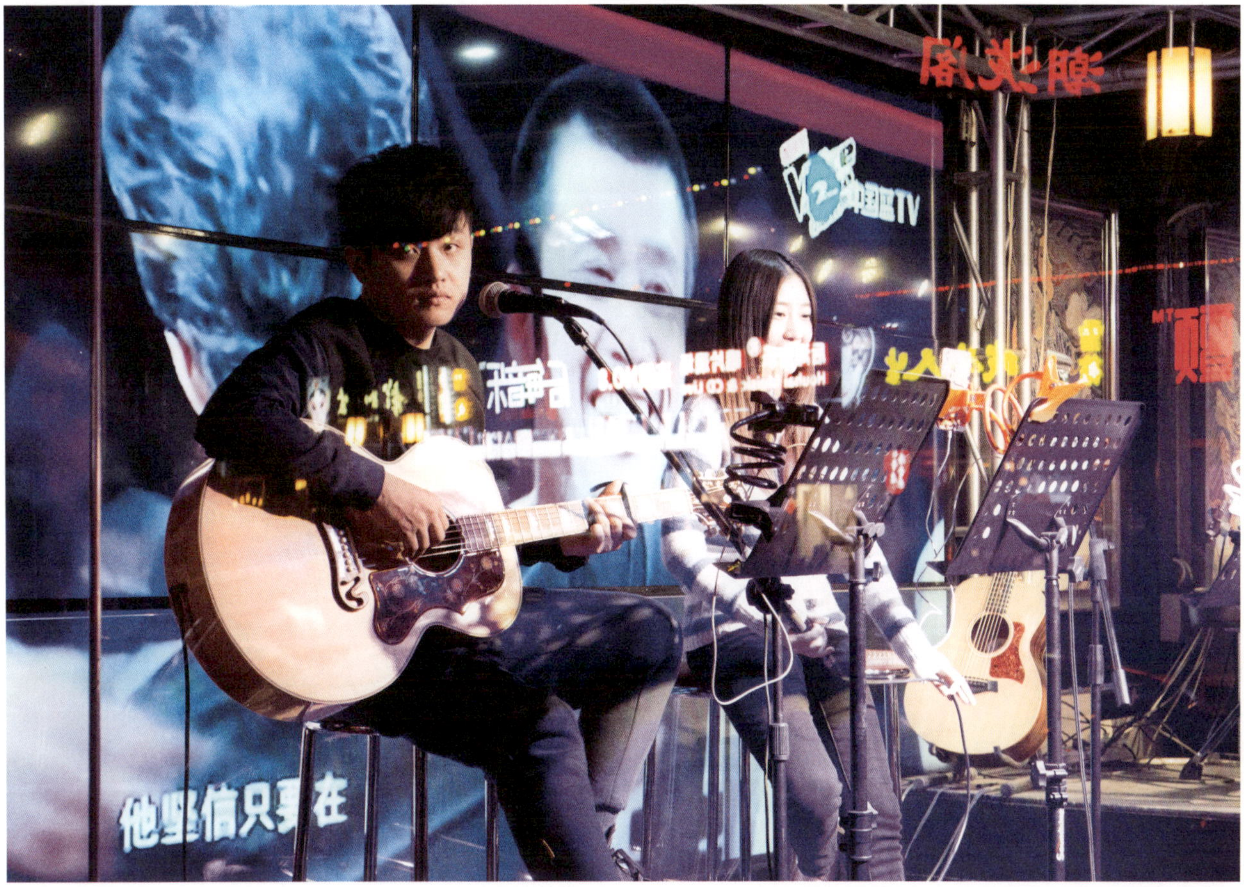
他坚信只要在

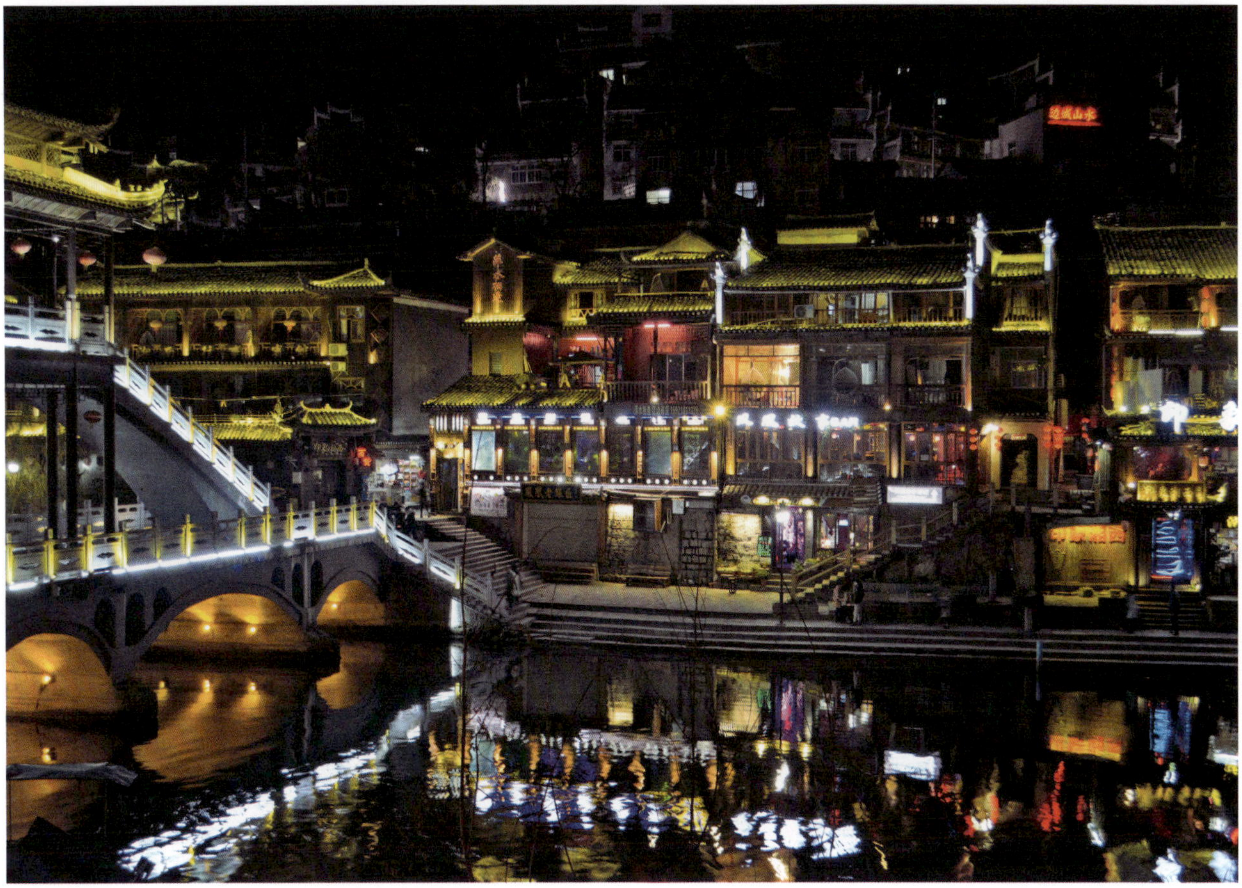

TEE-PILZ-GESCHNETZELTES AUS YUNNAN

Die Provinz Yunnan ist bei uns vor allem für Tee, speziell den fermentierten Pu Erh bekannt. Diese erdig schmeckende Sorte hat ein bisschen was mit Wein gemeinsam: Sie muss Monate bis Jahre reifen, um einen guten Geschmack auszuprägen. Dieser Umstand, aber auch die bei der Fermentation helfenden Pilze und Bakterien sowie das spezielle Pressen der Blätter in Ziegel oder Scheiben (natürlich gibt's den Tee auch lose zu kaufen) machen die Sorte zu einer kleinen Besonderheit – was Marketingmenschen in unserer westlichen Welt besonders gut gefällt. So wurde Pu Erh nach Mate und Matcha zum flüssigen Heilsbringer, soll schlank und schön machen. Was er auf jeden Fall macht: einen kräftigen Geschmack ausprägen, was bei diesem chinesischen Pilzgeschnetzelten von Vorteil ist. In dem süßlichen, leicht säuerlichen Gericht werden Pilze, Kräuter und Tee – alles Klassiker der Yunnanküche – kombiniert. Wir haben es allerdings nicht in der westlichen, an Myanmar grenzenden Region gegessen, sondern nahe Hangzhou, einem weiteren berühmten Teeanbaugebiet im Osten Chinas. Dort wird zwar traditionell vorwiegend Drachenbrunnentee geerntet (Rezepte damit findet ihr auf Seite 123 und Seite 238), Zhang Ji allerdings, ein in Hangzhou lebender Teehändler, mit dem wir uns angekumpelt haben, stammt aus der Yunnanprovinz und hat uns dieses Rezept als sein Lieblingsgericht aufgeschrieben.

1–2 EL Pu-Erh-Tee
4 getrocknete Shiitake
10 g getrocknete Ackerlinge
10 g Kombu
100 g frische asiatische Pilze [z. B. Shiitake, Seitlinge etc.]
2 EL Rapsöl

1 TL Speisestärke
2 EL Reisessig
2 EL helle Sojasoße
2 EL dunkle Sojasoße
1 EL Pilzsoße [Rezept siehe Seite 259. Du findest sie aber auch fertig im Asiamarkt.]
½ TL bunte Pfefferkörner
3 Knoblauchzehen

½ daumengroßes Stück Ingwer
4 Frühlingszwiebeln
3 EL aufgetautes Ji Cai [gibt's im Asiashop als TK-Ware]
½ Bund Schnittlauch
2 EL Schwarze-Bohnen-Paste [Rezept siehe

Seite 253. Es gibt sie aber auch fertig zu kaufen.]
300 g weißer Tofu [Im Asiamarkt gibt es Firm Tofu, der ist härter als Seidentofu, aber weicher als unser westlicher fester Naturtofu. Genau diesen benötigst du.]

1 Gib den Tee in ein Tee-Ei, bringe 300 ml Wasser zum Kochen, schütte es in einen kleinen Topf oder eine Schüssel um (das Umschütten senkt die Temperatur des Wassers, was für den Tee wichtig ist) und lass den Tee, die getrockneten Pilze und den Kombu darin ziehen. Nimm den Tee nach etwa 2 Minuten wieder raus und lass Pilze und Algen noch 10 Minuten stehen.

2 Hacke in der Zwischenzeit die frischen Pilze grob. Brate sie in 1 EL des Rapsöls in einem Wok oder einer Pfanne schön braun. Fülle sie in eine Schale um und stelle sie zur Seite.

3 Schütte nun die eingeweichten Pilze durch ein Sieb und fange das Wasser in einer Schüssel auf. Verrühre es mit Speisestärke, Reisessig, den Sojasoßen und der Pilzsoße und stelle es beiseite. Den Kombu kannst du wegwerfen.

4 Hacke die eingeweichten Pilze und gib sie zu den gebratenen Pilzen.

5 Röste nun den Pfeffer in einer kleinen Pfanne ohne Öl. Mörsere die Körner danach zu feinem Pulver und stell es zur Seite.

6 Schäle Knoblauch und Ingwer und hacke beides klein. Schneide die Frühlingszwiebeln in Röllchen und leg einen kleinen Teil als Deko zur Seite. Den Rest gibst du zur Knoblauch-Ingwer-Mischung. Hacke das aufgetaute Ji Cai und den Schnittlauch und gib die Kräuter ebenfalls dazu. Erhitze das restliche Öl im Wok und brate die Mischung etwa ½ Minute an.

7 Gib dann die Pilze und den Szechuanpfeffer dazu, schwenke alles einmal kurz durch und rühre die Schwarze-Bohnen-Paste unter. Lösche mit dem Pilzwasser ab und lass alles 2–3 Minuten köcheln.

8 Schneide den Tofu in der Zwischenzeit in etwa 2×2 cm große Würfel und gib ihn in den Wok. Hebe ihn nur ganz vorsichtig unter, da er schnell zerbricht.

9 Drehe schon mal die Hitze aus, aber lass alles noch für 2 Minuten auf dem Herd stehen, damit der Tofu Temperatur annimmt. Dann kannst du das Grün der Frühlingszwiebeln darübergeben und das Pilzgulasch servieren.

BRATKARTOFFELN AUS DER DORFKÜCHE

Hao, eine von Xiaos besten Freundinnen, stammt aus Muzhijiexiang, einem abgelegenen Dorf am Ru-Fluss, etwa zwei Stunden von Luoyang entfernt. Ihre Eltern leben immer noch dort, und zu denen nahm sie uns mit. Der Kontrast zwischen den Lebenswelten beider Parteien könnte größer kaum sein: Während Hao (als Frau eines reichen Geschäftsmanns) ein Leben mit allen Annehmlichkeiten führt, schicke Klamotten trägt und zweimal die Woche zum Friseur rennt, leben ihre Eltern in einem spärlich ausgestatteten Haus ohne Türen, Heizung und nur wenigen Stunden Strom am Tag (gekocht wird auf einer offenen Feuerstelle). Ein einfaches Leben. Aber, und das war eine schöne und augenöffnende Erkenntnis: Ihre Eltern scheinen ohne all diesen oberflächlichen Schnickschnack viel glücklicher zu sein. In Haos Stirn haben sich tiefe Sorgenfurchen gegraben, während die Gesichter ihrer Eltern von Lachfalten gezeichnet sind. Und auch im Miteinander hat sich dieser Eindruck bestätigt: Wirkte Hao stets leicht muffelig, waren ihre Eltern die herzlichsten Menschen der Welt. Und obwohl sie nicht viel hatten, haben sie fürstlich für uns gekocht – unter anderem diese leckeren Bratkartoffeln. Als wir uns später verabschieden wollten, drückte uns Haos Mutter ganz fest, wünschte uns alles Glück der Erde und bat uns, unbedingt wiederzukommen. Und nicht nur diese beiden tollen Menschen, allein diese Bratkartoffeln wären den weiten Weg wert. Ach so: Das Dressing stammt nicht aus der Dorfküche von Haos Mama, dort wurde lediglich etwas Öl zum Salat gereicht. Wir haben es zu einem Salat in einem Restaurant in Hanghzhou gegessen und sofort gewusst, das könnte perfekt passen. Wir hatten recht.

---

6 kleine festkochende Kartöffelchen [Im Idealfall hast du noch gekochte vom Vortag übrig.]
2 EL geröstetes Sesamöl
50 g Omagemüse [Rezept siehe Seite 185]
2 Handvoll Babyspinat

1 kleiner runder Rettich [z.B. schwarzer Winterrettich]
1 Handvoll Erbsenschoten [Wenn es keine frischen gibt, nimm TK-Erbsen.]
1 Handvoll essbare Blüten [In China werden gern Chrysanthemen verwendet.]

FÜR DAS GRÜNE GOJIBEERENDRESSING

2 Knoblauchzehen
1 EL geröstetes Sesamöl
1 TL Granatapfelsirup
1 TL Senf
1 TL Sriracha
½ EL helle Sojasoße
1 EL Dumplingessig

3 EL Blutorangen- oder Orangensaft
½ Bund Koriander
2 EL Gojibeeren

---

1 Hast du Kartoffeln vom Vortag: Gehe direkt zu Schritt 2. Wenn nicht, schrubbe die Kartoffeln ordentlich ab und koche sie in Salzwasser bissfest (piekse mal mit einer Gabel rein und prüfe, damit sie nicht zu weich werden). Lass sie abkühlen. Hast du wenig Zeit, kannst du die Kartoffeln auch roh weiterverarbeiten, dann halbiere sie aber im nächsten Schritt nicht, sondern schneide sie in dünne Scheiben.

2 Halbiere die abgekühlten Kartoffeln.

3 Erhitze Sesamöl in einer großen Pfanne und leg die Kartoffeln mit der Schnittfläche nach unten hinein. Brate sie bei mittlerer Hitze an, bis sie gebräunt sind. Wende sie und brate die zweite Seite kross.

4 Gib das Omagemüse dazu und lass es zwischen den Kartoffeln mit heiß werden. Dann nimm die Pfanne vom Herd.

5 Wasche den Spinat und gib ihn in eine Schüssel.

6 Schäle den Rettich und schneide ihn in schmale Streifen. Das funktioniert super mit einer Mandoline. Pule nun die Erbsen und gib das Gemüse und die Blüten zum Salat.

7 Für das Dressing schäle den Knoblauch, wirf ihn mit allen weiteren Zutaten (außer den Gojibeeren) in einen Mixer und püriere daraus eine Soße. Mische die Gojibeeren unter, lass sie 2–3 Minuten darin weichen und gieße das Dressing über den Salat. Nun kannst du ihn auf Tellern anrichten und die Bratkartoffeln dazu servieren.

TARO-KÜRBIS-POT

Einer der anstrengendsten Tage in Hongkong sah wie folgt aus: Morgens wollten wir zu einem Frühstücksladen fahren, der uns empfohlen wurde. Als wir dort waren, mussten wir feststellen: Die Adresse war veraltet, der Laden mittlerweile am anderen Ende der Stadt. Also stiegen wir wieder in die Bahn. Gelohnt hat sich der Aufwand nicht – das Frühstück war mies. Das sollte uns nicht runterziehen, also auf zum Peak, einem tollen Aussichtspunkt über der Stadt. Wir verliefen uns aber nicht nur mehrfach, sondern sind auf dem Weg dorthin buchstäblich im Kreis gerannt, nur um oben festzustellen, dass Höhennebel die angekündigte grandiose Sicht über Hongkong versperrte. Wir beschlossen, etwas zu essen, um uns aufzumuntern und die Füße auszuruhen, aber ohne entsprechende Vorbereitung fanden wir nichts. Reichlich genervt fiel uns nach zwei Stunden sinnloser Rumlauferei immerhin wieder der Name eines Restaurants ein, von dem wir nur Gutes gehört hatten: *Pure Veggie House*. Bis wir allerdings da waren, hat es noch mal eine gute Stunde gedauert – inklusive Überquerung der mehrspurigen Stadtautobahn zu Fuß. Aber zu diesem Zeitpunkt war uns bereits alles egal. Als wir endlich den Gastraum betraten und die Stimmung schon so weit im Keller war, dass wir fast in Argentinien rausgekommen wären, wurde uns als Erstes dieser Taro-Kürbis-Pot gebracht – und schon mit dem ersten Bissen war die Welt wieder in Ordnung.

500 g Taro
600 g Hokkaido-Kürbis
100 g Wasserkastanien
  (gibt's bereits geschält
  als TK-Ware)
2 Knoblauchzehen
½ daumengroßes Stück
  Ingwer
1 Chili
2 EL Erdnussöl
1 Stange Zitronengras
1 Kapsel schwarzer
  Kardamom
1 Sternanis
2 Kaffirlimettenblätter
3 Stängel Koriander
120 ml Kokosmilch
½ TL Zimt
Saft von ½ Limette
Salz
weißer Pfeffer

1 Schäle die Taroknollen und kratze die Kerne aus dem Kürbis. Schneide das Fruchtfleisch von beidem in Würfel. Halbiere die Wasserkastanien (kleinere kannst du ganz lassen).

2 Schäle den Knoblauch und den Ingwer, haue beides mit dem Messerrücken platt und hacke es dann mit der Chili klein. Schwitze die Mischung in einem Wok oder einer großen Pfanne in Erdnussöl auf hoher Stufe an. (Nimm eine Pfanne, zu der du einen Deckel hast – du brauchst ihn später.) Gib direkt den Taro dazu und brate alles unter Rühren an, bis die Tarowürfel leicht Farbe kriegen.

3 Zerhaue das Zitronengras mit einem Fleischklopfer oder einem anderen harten Gegenstand, hacke es klein und gib es dann zusammen mit dem Kürbis und den Wasserkastanien in den Wok. Schwenke alles gut durch, lass es etwa 2 Minuten rösten und drehe dann die Hitze runter.

4 Pule die Körnchen aus der Kardamomkapsel und mörsre sie.

5 Gieße 400 ml heißes Wasser zum Gemüse in den Topf. Gib Sternanis, Kardamom und die Kaffirlimettenblätter dazu, lass alles kurz aufkochen und dann etwa 8 Minuten mit geschlossenem Deckel auf niedriger Stufe köcheln. Hacke währenddessen den Koriander.

6 Rühre Kokosmilch und Zimt in den Taro-Pot, lass den Topf noch mal 1–2 Minuten auf dem Herd, presse dann die Limette über dem Essen aus und würze nach Geschmack mit Salz und frisch gemahlenem weißem Pfeffer. Streue zum Schluss den Koriander frisch drüber.

SAUERSCHARFES RISOTTO

Kurz vor unserem Rückflug nach Deutschland stießen wir in Hongkong auf das *Leisurely Veggie*, ein verstecktes Restaurant in einer beliebigen Einkaufsstraße. Wir waren auf der Suche nach einem Technikshop, als der Fußweg von einer quer stehenden Menschenschlange versperrt wurde, die sich vor einem Aufzug gebildet hatte (aus uns unerklärlichen Gründen, da links und rechts nur langweilige Klamottenläden waren). Nicht, dass wir gern Schlange stehen, aber unsere Neugier siegte, und kurze Zeit später fuhren wir mit dem Aufzug und einer Gruppe Chinesen nach oben. In jeder Etage öffnete sich die Aufzugtür und ließ uns direkt auf die Tische speisender Chinesen blicken. Wir waren in einem Restauranthaus gelandet und stiegen aufgeregt in der Veggie-Etage aus. Lucilla, die Inhaberin des Ladens, hat uns nach einem köstlichen Menü (und kurzem Betteln) das Rezept für diesen sauerscharfen Risotto verraten. Wir wollen es dir nicht vorenthalten.

800 ml Gemüsebrühe
(Rezept siehe Seite 255. Du kannst aber auch andere Brühe verwenden.)

50 g gemischte asiatische Pilze (z.B. Shiitake, Seitlinge etc.)

70 g Stangensellerie
(Wenn du chinesischen Sellerie im Asiashop findest, schlag zu – der ist viel zarter!)

2 frische Chilis

2 EL Olivenöl

200 g Risottoreis (z.B. Arborio oder Carnaroli)

2 Stangen Spargel

1 Tomate

2 getrocknete Tomaten
(Soft-Tomaten)

200 g gehackte Tomaten aus der Dose

5 EL klarer Reisessig

Salz

schwarzer Pfeffer

1 Bringe die Gemüsebrühe zum Kochen.

2 Währenddessen kannst du die Pilze und den Sellerie putzen und zusammen mit den Chilis klein hacken. Erhitze Olivenöl in einem Wok (oder einer großen Pfanne) und brate das scharfe Sellerie-Pilz-Gehäcksel darin 3 Minuten an.

3 Gib den Reis dazu, schwenke einmal alles gut durch und röste ihn unter Rühren 1 Minute mit an. Lösche dann mit der Hälfte der mittlerweile kochenden Gemüsebrühe ab. Rühre regelmäßig um, bis die Flüssigkeit aufgesogen wurde, und gieße den Rest der Brühe nach.

4 Schäle in der Zeit den Spargel und schneide ihn in schmale Scheibchen, hacke die Tomaten (die frische und die getrockneten).

5 Gib kurz vor Garende den Spargel, sämtliche Tomaten und den Essig zum Reis und rühre gleichmäßig weiter, bis alles eine cremige Textur hat. Würze mit Salz und frisch gemahlenem Pfeffer.

VON HANGZHOU NACH HONGKONG

Nach Hangzhou steuerten wir Shenzhen an. Wieder eine unfassbar lange Autofahrt von mehreren Hundert Kilometern. Wir konnten bereits ganze Textzeilen der chinesischen Popquälerei mitsingen, die stetig auf uns eindröhnte, ich hatte schon fünf Romane auf meinem Kindl durch, und Daniel schien sich in chinesischer Geschichte weiterzubilden – und las neben der Biografie über Mao Zedong ein Buch über die Shaolin. Auf unseren Stopps konnten wir uns jedes Mal eines Kleidungsstücks mehr entledigen: Erst der Jacke, dann des Pullovers, und als wir in Shenzhen ankamen, trugen wir nur noch Shirts. Es war der 4. Januar. Es war Sommer.

Sam wollte als Erstes einen Onkel besuchen, und wir nutzen die Situation, um uns abzuseilen und allein loszuziehen. Mit einem Taxi, das so schlecht gefedert war wie ein Stapel Bretter, fuhren wir gefühlt in eine andere Stadt. Über sich ineinander schlängelnde Hochstraßen und die Stadt umlaufende Schnellpässe benötigten wir eine Stunde, um zu einem kleinen Laden zu kommen, den wir vorher als vegane Empfehlung gelesen hatten.

Dort angekommen, stürmte eine junge Frau auf uns zu und versuchte, uns mit wedelnden Händen davon abzuhalten, den Laden zu betreten. »No meat! No meat!«, rief sie und schien darauf zu warten, dass wir eine Geste des Verstehens erwiderten und gingen. Wir waren nicht ganz sicher, antworteten aber: »Good. We don't eat meat!« – und fanden uns schwuppdiwupp an einer Holztafel in der Mitte des Gastraums wieder. Zwischen unseren Beinen tobten Katzenkinder. Jayer, die junge Frau, brachte uns erst scharfe Yams-Pommes an den Tisch und später chinesische Vokabeln bei. Nach diesem Abend konnten wir »Katze«, »Hund«, »Gute Nacht!«, »Du bist schön!«, »Entschuldigung« und »Kuchen« auf Mandarin sagen. Mehr braucht es nicht, um klarzukommen.

Knappe zehn Stunden später verließen wir das klassische China und reisten in Hongkong ein – in eine wunderbar aufregende, kulinarisch abwechslungsreiche Welt. Es wird Hongkong nicht gerecht, aber nach wochenlangem Verzicht auf Süßes waren die unzähligen Dessertrestaurants dort das Beste für uns. Wir kauften in der letzten Woche unserer Reise manchmal dreimal täglich ein Dessert – unsere Favoriten findest du im Buch.

Direkt am ersten Tag fuhren wir in eine alte Porzellanmanufaktur, von der ich gelesen hatte. Es war das Fundstück der Reise! Ich habe zu Daniels Leidwesen stundenlang die deckenhohen, mehrreihig gestapelten Geschirrberge durchforstet, um handbemalte Teller, Schalen und Stäbchen für unser Buch zu finden – teils Unikate aus den Dreißigerjahren (siehe Seite 229).

Hongkong hat es uns leichtgemacht: Klebreisbällchen an jeder Ecke (wir lieben Klebreisbällchen), 25 Grad und Sonne (wir lieben 25 Grad und Sonne), Flohmärkte, die sich über ganze Straßenzüge erstrecken, und Fußmassagesalons, die nach langen Stadtwanderungen Linderung versprachen. Je später der Abend wurde, desto voller wurden die Straßen. Die Leute scharten sich an den Imbissen, hockten auf den Bürgersteigen und aßen frittiertes Gemüse. Doch das Beste: Da Hongkong britische Kolonie war, spricht jeder dort Englisch. Wir waren endlich nicht mehr auf die Übersetzungshilfe unserer Freunde angewiesen.

Hier ein paar Empfehlungen, falls es dich mal nach Hongkong verschlägt:

- Kee Tsui Cakeshop, 135 Fa Yuen Street, Mong Kok (kleine Bäckerei, die bis abends Küchlein, dampfende Brötchen und Pancakes anbietet; durch den Eintrag im Michelin-Guide Street Food aber wohlmöglich bald kein Geheimtipp mehr)
- Leisurely Veggie, 25/F Jardine Center, 50 Jardine's Bazaar (es gibt hippere, aber nicht viele bessere UND erschwingliche Läden)
- Veggie Mama, 2A Poplar Street, Prince Edward (gute Suppen; »Mama« kocht oft selbst)
- Fook Yuen Glutinous Balls, 7 Fuk Yuen St, North Point (bester Dessertladen überhaupt! Ein Muss: Tang Yuan. Wie man sie zubereitet, siehe Seite 238.)

Hier endete unsere Reise – mit der Erinnerung an einen Mund voller Süßes!

DESSERTS

BUNTE ERDNUSS-TANG-YUAN

Hongkong, deine Desserts! Wir sind verliebt, und Liebe braucht nicht viele Worte. Nur so viel: Hier ist für jeden was dabei. Zimtig-süße Apfelbällchen, sauer-fruchtige Himbeerbällchen und schokoladig herbe Kaffeebällchen, die alle eins gemeinsam haben: eine süße, warme Erdnussfüllung, die beim Reinbeißen herausläuft. Also am besten: Das ganze Bällchen in den Mund stecken! Dann kann man eh nichts mehr sagen, außer »mmmhhhhhh«.

100 g Klebreismehl

FÜR DIE FÜLLUNG

**50 g gesalzene Erdnuss-
kerne**
2 EL Erdnussbutter
30 g Rübenzucker
25 g Kokosöl

FÜR DAS COATING
1 Handvoll Apfelchips
(nicht Apfelringe – die
sind zu weich)
1 Messerspitze Zimt
3 EL gemahlener Kaffee
1 TL Kakao
3 EL Himbeerpulver

1 Röste die Erdnusskerne in einer Pfanne ohne Fett, lass sie dann abkühlen und schreddre sie anschließend im Mixer klein.

2 Mische die Nusskrümel mit Erdnussbutter, Zucker und Kokosöl und stelle die Masse kurz in den Tiefkühler. Wenn sie nach ein paar Minuten härter ist, rolle aus ihr kirschgroße Kugeln zwischen deinen Handflächen.

3 Leg die Kugeln auf einen Teller (so, dass sie sich nicht berühren) und stelle den Teller für 10–15 Minuten zurück in den Tiefkühler (oder für ½ Stunde in den Kühlschrank). Die Kälte sorgt dafür, dass das Kokosöl hart und die Kügelchen fest werden.

4 Bereite in dieser Zeit die Coatings vor: Zerkrümle die Apfelchips, bis sie ganz klein sind (du kannst sie auch im Mixer mahlen). Gib den Zimt dazu und fülle die Apfel-Zimt-Mischung in ein Schälchen. In einem weiteren Schälchen mischst du den Kaffee mit dem Kakao. In ein drittes Schälchen füllst du das Himbeerpulver.

5 Bring 1 l Wasser in einem Topf zum Kochen. Während es aufheizt, fülle einen Teil des Klebreismehls in eine Schale und stelle eine weitere Schale mit kaltem Wasser bereit. Nun nimm dir eine gekühlte Erdnusskugel, tunke sie ganz kurz in das kalte Wasser und coate sie mit Klebreismehl, indem du sie durch kreisende Bewegungen der Schale im Mehl rollen lässt. Tunke sie wieder kurz in das kalte Wasser und rolle sie erneut im Mehl. Mache so lange weiter, bis sich eine dichte Schicht um die Füllung gebildet hat. Verfahre mit allen Erdnusskügelchen so. Ganz wichtig: Wische nach jedem Tunken das klebrige Mehl von deinen Händen. Fasst du die Kugeln mit deinen eingekleis-terten Händen an, wird die Schicht brüchig, und die Tang Yuan platzen später im Kochtopf auf. So klappt's:

- Geschirrtuch in den Hosenbund stecken.
- Gerollte Erdnussfüllung ins Wasser tunken, dann in die Mehlschüssel werfen und darin schwenkend rollen, bis sie gleichmäßig weiß ist.
- Finger, falls klebrig, am Tuch abwischen und die Kugel herausfischen – ohne mehr Mehl mit rauszutragen, als an ihr klebt.
- Kugel wieder ins Wasser tunken und ins Mehl zurückwerfen. Schwenkend rollen. Finger abwischen, Kugel rausfischen usw.

6 Hast du alle Kugeln gerollt, erzeuge mit einem Löffel einen Strudel im Kochwasser, gib sofort die Bällchen hinein und rühre ganz vorsichtig weiter, damit sie nicht am Boden kleben bleiben. Nach kurzer Zeit ist ihre äußere Schicht weich, und sie pappen nicht mehr fest. Dann kannst du die Temperatur runterstellen, brauchst nur noch ab und zu vorsichtig zu rühren und kannst warten, bis sie gar an die Wasseroberfläche steigen.

7 Nun kannst du coaten: Nimm die Schälchen mit den Coatings. Lockre die Apfelmischung noch mal mit der Gabel auf, da sie vom Stehen sicher zusammenklebt. Fische die Erdnussbällchen nach und nach aus dem Topf, lass sie kurz abtropfen und verteile sie auf die drei Schälchen. Rolle die Coating-Mischung um die Klebreiskugeln, indem du die Schalen in deinen Händen schwenkst und die Bällchen darin rotieren, bis sie von allen Seiten schön bedeckt sind.

KALTE MANGOSUPPE

Vor unserer Reise haben wir die Mango überhaupt nicht mit China in Verbindung gebracht, dabei gibt es eine skurrile Geschichte dazu. Erzählt wurde sie uns von Adam und Minerva, die wir nachts beim Schlürfen einer kalten Mangosuppe im Nachtischrestaurant *Lucky Dessert* in Hongkong kennenlernten. Die Geschichte geht so: Ende der Sechzigerjahre tobte in China die Kulturrevolution, ein düsteres Kapitel der Landesgeschichte. Mao hatte gerade die Roten Garden entmachtet und 30.000 Arbeiter an die Peking-Universität geschickt, um die dortige Rebellion zu zerschlagen – mit Erfolg. Kurz darauf kam der pakistanische Außenminister nach Peking und brachte als Gastgeschenk Mangos mit. Diese schenkte Mao jenen Arbeitern, die sie wiederum an die großen Fabriken Pekings schickten – wo die Frucht zum Symbol für eine Wende in der Kulturrevolution wurde, in der die Arbeiter die Führung übernommen hatten. Die Mango wurde fortan verehrt wie eine Göttin: Sie wurde in Wachs eingelegt, um sie für die Nachwelt zu erhalten (faulte aber trotzdem), in Gips gegossen und in Glasschreinen durch die Straßen getragen. Weil religiöse Artefakte während der Kulturrevolution zerstört wurden, füllte die Mango die entstandene Lücke. Das Ganze ging so weit, dass Mangodecken, Mangogeschirr und Zigaretten mit Mangogeschmack produziert wurden. Am Nationalfeiertagsumzug wurde sogar eine riesige Mango aus Pappmaschee durch die Straßen gefahren. Wenn wir jetzt an China und die Mango denken, kommt uns als Erstes diese kalte Mangosuppe in den Sinn. Nach dem Treffen mit Adam und Minerva haben wir sie in Hongkong jede Nacht gegessen.

2 kleine reife Mangos
1 TL kandierter, gehackter
   Ingwer
50 ml Mandelmilch
50 ml Kokosmilch
3 TL Sagoperlen
¼ Pomelo
Saft von ½ Limette

1 Setze einen Topf mit Wasser auf und bringe es zum Kochen. Währenddessen kannst du die Mangos schälen, ihr Fruchtfleisch vom Kern schneiden und zusammen mit dem Ingwer in einem Mixer oder mit dem Pürierstab sämig pürieren.

2 Gib die Mandel- und Kokosmilch zum Püree und mixe die Masse noch mal kurz durch.

3 Sobald das Wasser auf dem Herd kocht, schütte die Sagoperlen unter Rühren hinein, lass sie noch mal kurz aufkochen (dabei immer schön weiterrühren, damit die Kügelchen nicht am Topfboden festkleben) und lass sie dann etwa 15–20 Minuten auf mittlerer Hitze vor sich hin köcheln, bis alle Perlen durchsichtig sind. Ab und zu mal rühren reicht jetzt.

4 Die Kochzeit kannst du nutzen, um die Pomelo zu filetieren. Ihr Fruchtfleisch ist schön fest, sodass man recht gut die einzelnen, kleinen Fruchtfleischzellen auseinanderpulen kann. Gib diese dann unter das Mangopüree.

5 Sobald alle Sagoperlen glasig sind, kannst du das Wasser durch ein feines Sieb abschütten und die abgetropften Kügelchen zum Püree geben. Drücke den Saft der Limette darüber aus, rühre alles noch mal durch und stelle die Mangosuppe etwa 1 Stunde lang in den Kühlschrank. Im Sommer ist es total toll, wenn du noch ein paar Eiswürfel zum Servieren hineingibst.

TARO-EIS »MANDELTEE«

An unserem letzten gemeinsamen Abend mit Sam und Xiao in Hongkong haben wir essenstechnisch noch mal alles gegeben. Wir haben an diesem Tag ungelogen dreimal ein Dessertrestaurant besucht, um all das gemeinsam zu kosten, was wir bis dahin nicht geschafft hatten. Bei *Honeymoon Dessert* in Amoy Gardens, einem (2003 leider durch SARS berühmt gewordenen) Wohn-, Büro- und Shoppingkomplex im Stadtteil Kowloon, tranken wir unter anderem Mandeltee. Mit Tee hat das Getränk allerdings nichts zu tun, es ist eher mit einer nach Marzipan schmeckenden, reichhaltigen Mandelmilch vergleichbar, die heiß oder eiskalt serviert wird. Ein paar Tage später aßen wir ein Eis, das aus der Taroknolle hergestellt wurde. Es hatte eine tolle Konsistenz, hat allerdings ein klein bisschen fad geschmeckt, deshalb stellen wir euch hier eine Kombination aus beidem vor: ein Taro-Eis mit dem Geschmack von Mandeltee.

250 g Taro
1 Handvoll Mandeln
1 EL Rübenzucker
600 ml Kokossahne (Es geht aber auch Soja-, Mandel- oder Hafersahne. Achte darauf, dass sie schlagbar ist. Tipp: Je höher der Fettanteil der Sahne, desto cremiger wird das Eis.)
230 g weißes Mandelmus
Mark von 1 Vanilleschote
100 ml Amaretto

1 Schäle die Taroknollen und schneide sie in kleine, höchstens 1 cm große Würfelchen.

2 Erhitze Wasser in einem Topf und koche die Tarowürfel darin weich. Gieße das überschüssige Wasser ab und lass den Taro abkühlen.

3 Hacke die Mandeln und röste sie in einer Pfanne ohne Fett. Wenn sie bräunen, gib den Zucker gleichmäßig darüber und lass die Nüsse unter Rühren kurz karamellisieren. Dann schütte sie auf ein Backpapier oder Abkühlgitter und lass sie trocknen.

4 Püriere den Taro. Schlage die Kokossahne und rühre sie mit allen weiteren Zutaten (außer den Nüssen) glatt. Gib alles in eine Eismaschine. Gib die Nüsse erst kurz vor Ende der Rührzeit hinzu. Wenn du keine Eismaschine hast, vermenge alle Zutaten mit einem Rührgerät zu einer homogenen Masse und gib sie in einfrierbaren Eisschälchen für ½–1 Stunde (je nach Gefäßgröße) in den Tiefkühler. Rühre regelmäßig mal um, damit das Eis gleichmäßig friert. (Es wird zwar nie so cremig wie mit einer Eismaschine, bildet aber weitaus weniger Kristalle, wenn du Sahne mit einem hohen Fettgehalt nimmst. Außerdem: Je länger du es einfrierst, desto härter gefriert es. Es muss vor dem Essen dann erst antauen. Da das nicht gleichmäßig passiert, ist es eigentlich am besten, wenn du dein Eis nicht auf Vorrat, sondern frisch zubereitest.)

PFEFFRIGER KOKOSMILCHREIS

Mango, Mango, Mango. Als wir das Buch schrieben, fiel uns auf, dass drei der acht Nachspeisen Mangodesserts waren. Nun wollen wir ja ein abwechslungsreiches Kochbuch machen und jedem Geschmack etwas bieten – wir haben uns dennoch für die Mango entschieden. Aus zwei einfachen Gründen: Geschmack schlägt Abwechslung (und dieser Satz ist eigentlich falsch, da die Mangodesserts in diesem Buch sehr unterschiedlich sind) und simple Rücksichtnahme. Denn neben Mangos sind die beliebtesten Früchte für Dessert Durians. Die Stinkfrüchte werden dort mit Hingabe zu Pürees, Eis, Küchlein oder Klebreisbällchen-Füllungen verarbeitet und sind bei den Einheimischen so beliebt wie hier Schokolade. Es macht großen Spaß, sich vor einen Dessertladen zu setzen und »rein oder raus« zu spielen. Man wettet einfach: Wer steckt's in den Mund und lässt es drin (rein), und wer spuckt's wieder aus (raus). Die Ausländer gehören zu 95 Prozent zur letzteren Sorte. Das wollten wir dir ersparen.

2 Kardamomkapseln
½ TL Szechuanpfeffer +
   etwas für die Deko
1 TL Bio-Alsan
100 g Milchreis
200 ml Kokosmilch
200 ml Reismilch
1 Prise Salz
¼ TL Rübenzucker
1 Msp. Vanille
1 EL Kokosraspel
1 Mango
1 Passionsfrucht
frisch gemahlener
   schwarzer Pfeffer

1 Pule die Körnchen aus den Kardamomkapseln und mörsre sie zusammen mit dem Szechuanpfeffer.

2 Erhitze das Alsan in einem Topf und gib die gemörserten Gewürze und den Reis hinein. Röste beides auf niedrig-mittlerer Stufe kurz an.

3 Lösche den Reis mit Kokos- und Reismilch ab, gib Salz, Zucker und Vanille dazu und lass alles zugedeckt etwa 25–30 Minuten vor sich hin köcheln. Rühre dabei immer mal um und kontrolliere vor allem zum Ende der Garzeit, dass nichts am Boden kleben bleibt. Je nachdem, wie dein Herd heizt, musst du gegebenenfalls noch mal einen Schluck Kokosmilch nachgießen.

4 Während der Reis köchelt, kannst du die Kokosraspel schon mal ohne Fett in einer Pfanne rösten und das Fruchtfleisch von der Mango schneiden.

5 Ist der Reis fertig, verteile ihn auf zwei Schalen. Rühre die Mangostücke unter, halbiere die Passionsfrucht und kratze je eine Hälfte über jeder Portion aus. Streue die Kokosflocken und etwas gemörserten Szechuanpfeffer darauf und mahle schwarzen Pfeffer obendrauf.

世界上最难解的

YUET TUNG CHINA WORKS HANDBEMALTES PORZELLAN

Wenn man ein Kochbuch machen will, braucht man schönes Geschirr. Wir wollten unseres natürlich stilecht in China kaufen, um die Gerichte auch authentisch in Szene setzen zu können. Vom ersten Tag an machten wir uns auf die Suche danach und fanden – nichts. Natürlich gab es überall Geschäfte und Läden, die Teller, Schälchen, Besteck und Tassen »made in China« verkauften, aber alles sah nichtssagend und beliebig aus. Sam beruhigte uns jedes Mal, wir würden schon noch was finden, erzählte uns von ganzen Shopping Malls, die sich auf Geschirr spezialisiert hätten – und die gab es auch. Aber: Alles dröge Einheitsprodukte. Weder in Peking noch in Luoyang, Hangzhou oder Shanghai – nirgendwo fanden wir schönes Geschirr. Doch dann kam Hongkong.

Um ehrlich zu sein: Ich hatte mich schon fast damit abgefunden, die Gerichte auf Papptellern ablichten zu lassen. Caro wiederum spornte ihre Verzweiflung an und begab sich auf Recherche ins Netz. In Hongkong war das ja endlich wieder möglich, denn im Gegensatz zum Rest des Landes wird dort einerseits nicht das Internet zensiert, andererseits war Hongkong lang britische Kronkolonie, sodass man dort auch wieder mit Englisch weiterkam. Auf einer dubiosen Seite fand sie irgendwann eine Adresse, derzufolge in einem Industriecenter in Kowloon Bay eine Porzellanmanufaktur sein sollte – Yuet Tung China Works. Dort fuhren wir hin.

Als wir ankamen, fanden wir allerdings nichts. Kein Schild, keinen Hinweis, bloß ein karges, unscheinbares Industriegebäude, in dessen Erdgeschoss sich eine dreckige Autowerkstatt befand. Als wir dort nachfragten, schickte man uns in den dritten Stock. Und tatsächlich, über einer offenen Tür stand es: Yuet Tung China Works. Als wir hindurchgingen, blieben wir allerdings gleich wieder stehen – mit offenen Mündern. Tausende und Abertausende Teller, Tassen und Teekannen stapelten sich vor unseren Augen; links, rechts, oben, unten – alles stand voll mit Geschirr, das in die Decke hineinzuwachsen schien. Alles handgemacht, alles handbemalt. Und wunderschön. Wir waren endlich fündig geworden!

Ein schmächtiger Mann mit freundlichem Lächeln kam plötzlich hinter einem Regal Porzellanstatuen hervor, sah in unsere staunenden Augen und stellte sich als Joseph vor. Er sei der Manager des Ladens; ein Familienbetrieb mit fast 90-jähriger Geschichte, den er nun in der dritten Generation leite. Als er uns herumführte, kamen wir aus dem Staunen nicht mehr heraus. Diese Unmengen von Porzellan in allen erdenklichen Farben und Formen. Goldene Teller, Schalen mit Drachenmotiven, selbst einige Bruce-Lee-Statuen aus Porzellan waren dabei. »Einiges davon wurde schon seit Jahren nicht mehr angefasst«, sagte Joseph, nachdem er uns stolz ein Foto von sich und Liz Taylor zeigte, die neben vielen Luxushotels und Königsfamilien zu seinem Kundenstamm zählte. Wie viele Stücke in dieser Industrieetage insgesamt lagern, wusste er leider nicht. »Als wir in den Achtzigern hierherzogen, haben wir uns verkleinert. Hunderttausend Stücke sind es aber bestimmt immer noch.« Wäre der Himmel aus Porzellan, er läge in Kowloon Bay.

Joseph hat insgesamt sechs Geschwister, zwei davon führen den Laden mit ihm zusammen. Auch ihr 89-jähriger Vater kommt noch jeden Tag her und begutachtet kritisch jedes einzelne Stück, das dort handgefertigt wird. »Wir haben noch vier Leute hier, die das traditionelle Kunsthandwerk der Porzellanmalerei beherrschen – alle sind seit über 40 Jahren hier«, verriet Joseph, als wir einem von ihnen bei seiner Arbeit über die Schulter sehen durften. »In ein paar Jahren gehen sie in Rente, dann werden wir kein Porzellan mehr bemalen können. Die jungen Leute haben kein Interesse mehr, diesen Beruf zu lernen. Die machen lieber was mit Internet, sodass wir den Laden dann wohl dichtmachen müssen.« Fast mutete es makaber an, dass uns ausgerechnet das Internet dorthin geführt hatte.

Dennoch war Joseph zufrieden, denn die Geschäfte liefen – vor allem der Export in die USA und Europa, wo das fragile Kunsthandwerk von Yuet Tung China Works nach wie vor hoch im Kurs steht. Und einige dieser einzigartigen Einzelstücke haben nun, nach zweimonatiger Schiffsreise (und einem kaputten Teller), auch den Weg nach Deutschland gefunden.

Caro jedenfalls sah selten so glücklich und zufrieden aus wie beim Stöbern zwischen den pagodenhohen Stapeln aus Schälchen, Tellern und Tassen, aus denen sie in unregelmäßigen Abständen immer wieder einen kleinen Schatz barg. Und das Funkeln in ihren Augen verriet den eigentlichen Wert jedes einzelnen Stücks – zumindest für dieses Buch.

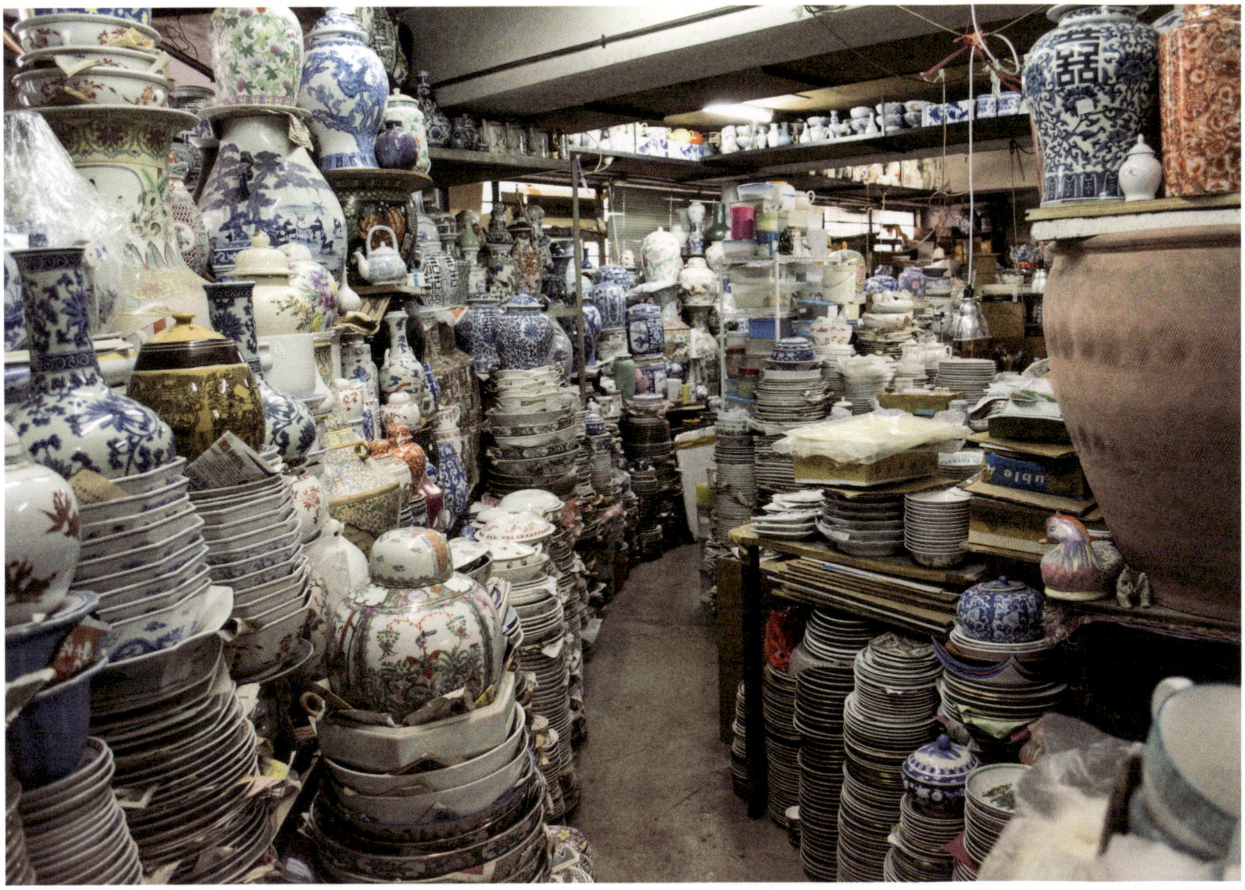

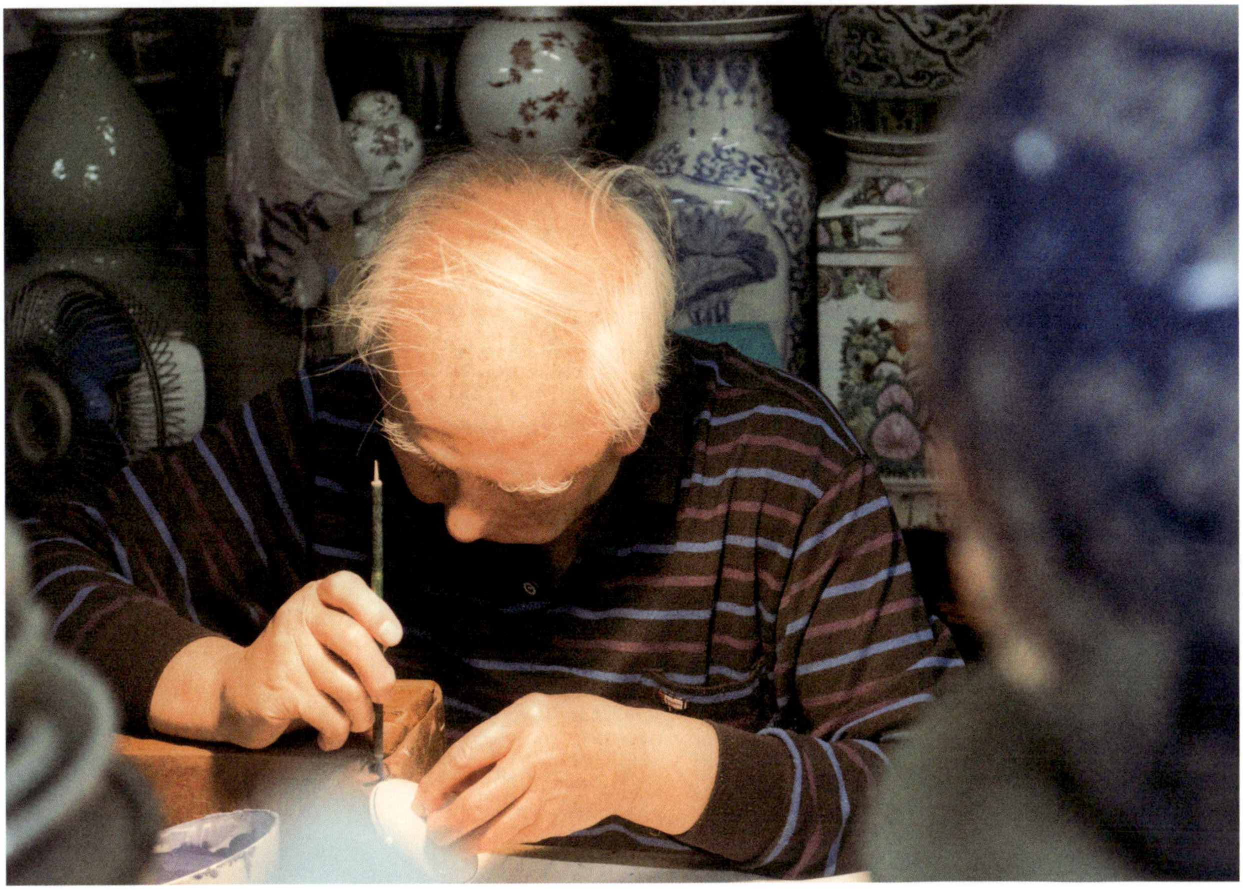

KOKOS-BÄLLCHEN
KOMPOTT

ohne Süßigkeiten. Für Süß-Junkies wie uns eine größere chinesischen Vokabeln. Doch dann kam Hongkong! Eine Sonderzone nicht nur im politischen, sondern auch im kulinarischen Sinn. Kurz: der Zuckerhimmel. Gefühlt an jeder Straßenecke gibt es in der fast schon europäisch anmutenden Metropole einen Dessertladen, der süße Suppen, süße Dumplings und süße Klebreisbällchen anbietet. Wir haben in einer Woche nachgeholt, was uns in den vorangegangenen Wochen verwehrt blieb. Dies war einer unserer Favoriten.

FÜR DIE BÄLLCHEN

190 g Klebreismehl
¼ Bund Thaibasilikum
(alternativ normales Basilikum)
25 g Rapsöl
30 g Kokosraspeln

FÜR DAS MANGOKOMPOTT

1 Mango
¼ Bund Thaibasilikum
(alternativ normales Basilikum)
Saft + Abrieb von
½ Limette

1 Setze einen Topf mit 1 l Wasser auf und bringe ihn zum Kochen.

2 Gib das Mehl mit 110 ml Wasser in eine große Schüssel und knete mit den Händen kräftig darin herum. Nicht verzweifeln! Das Gebrösel vermengt sich noch nicht wirklich zu einem einheitlichen Teig, aber nach einer Weile Handarbeit kannst du aus einem Teil der Masse 3–4 kleine Klumpen formen, die du in das kochende Wasser legst und 3–5 Minuten köcheln lässt.

3 Hacke die Basilikumblätter und gib die Hälfte davon in die Schüssel zur restlichen Mehlmischung. Fische die weichen Kugeln aus dem Wasser (nicht wegschütten, du brauchst es gleich noch mal) und knete sie zusammen mit dem Basilikum und dem Rapsöl so lange unter das Mehl (verbrenne dich dabei nicht!), bis du einen glatten Teig vor dir hast.

4 Aus diesem rollst du nun in deinen Handflächen pralinen-große Kugeln. Nimm dann einen Kochlöffel und erzeuge durch Rühren einen Strudel im Kochwasser. Gib sofort die Bällchen hinein und rühre vorsichtig weiter, damit sie nicht am Boden kleben bleiben. Nach kurzer Zeit ist ihre äußere Schicht weich, sodass sie nicht mehr festpappen. Dann kannst du die Temperatur runterstellen und warten, bis sie an die Oberfläche steigen.

5 Röste währenddessen die Kokosflocken ohne Fett und stelle sie zur Seite.

6 Schäle die Mango, schneide ihr Fruchtfleisch vom Kern und zerdrücke es zu einem groben Brei. Mische die zweite Hälfte des Basilikums, den Limettensaft und -abrieb darunter und verteile die gelbe Masse auf zwei Schälchen.

7 Fische die fertigen Bällchen aus dem Wasser und wende die Hälfte davon in den Kokosraspeln. Verteile sie zusammen mit den grünen Kugeln auf dem Mangokompott.

SCHWARZE SESAMSUPPE

Hongkong ist ein teures Pflaster, doch Sam hatte günstige und zentral gelegene Zimmer für uns gefunden. Als wir dort ankamen, mussten wir jedoch kurz schlucken: Er hatte uns in den Chunking Mansions einquartiert, einem arg verfallenen, 17-stöckigen Gebäude im Stadtteil Tsim Sha Tsui. Im Erdgeschoss befinden sich vorwiegend Wechselstuben und Läden, die wirken, als würden dort Drogen und falsche Pässe statt SIM-Karten und Samosas verkauft – mit einem Männeranteil von 100 Prozent und einem Chinesenanteil von null. Die oberen Etagen, bestehend aus Wohnungen und Billighostels, verstärkten das beklemmende Gefühl. Unser »Guest House« lag im 16. Stock und war wirklich ein Erlebnis: Die muffigen Ein-Zimmer-Butzen waren kleiner als eine Schiffskajüte. Man hatte das Gefühl, nach zwei Atemzügen bereits den kompletten Raumsauerstoff verbraucht zu haben. Im »Bad« war der Duschkopf praktischerweise direkt über dem Klo angebracht – was einem bei der Morgentoilette möglicherweise wertvolle Zeit gespart hätte. Herausgefunden haben wir es nicht. Der Umzug war beschlossene Sache, noch bevor wir ein Wort darüber verlieren mussten. Die erste Amtshandlung nach dem Tapetenwechsel war der Besuch eines von Hongkongs berühmten Dessertrestaurants, wo wir zum ersten Mal schwarze Sesamsuppe kosteten. Und die hat uns für den vorherigen »Umzugsstress« mehr als entschädigt. Traditionell wird sie übrigens warm gereicht, kann aber auch eiskalt gegessen werden. Wir persönlich bevorzugen letztere Variante.

50 g schwarze Sesamsaat
20 g Klebreismehl
20 g Rübenzucker
1 Prise Salz
2 TL helle Sesamsaat

1 Röste den schwarzen Sesam in einer Pfanne, bis die kleinen Körnchen zu knistern beginnen. Rühre sie dabei immer schön um, damit sie nicht verbrennen und bitter werden. Wenn sie fertig sind, fülle sie in einen leistungsstarken Mixer um.

2 Gib das Klebreismehl in die Pfanne und rühre wieder fleißig, bis sich das weiße Pulver gelblich färbt. Auch hier: Schön aufpassen – das Mehl verbrennt echt schnell!

3 Jetzt schütte einfach das geröstete Mehl zusammen mit dem Zucker und 1 Prise Salz zum Sesam und mixe alles auf höchster Stufe zu einem feinen Pulver. Schütte 400 ml Wasser dazu und mixe weiter, bis eine homogene Flüssigkeit ohne Klümpchen entstanden ist.

4 Gieße die Sesamsuppe in einen Topf und lass sie auf dem Herd aufkochen. Auch hier musst du wieder fleißig rühren, damit die Suppe nicht anbrennt. Nach kurzer Zeit dickt sie schön ein, dann ist sie fertig.

5 Nun röste nur noch den weißen Sesam und streue ihn über die heiße schwarze Suppe!

ORANGEN-INGWER-EIS MIT SZECHUANPFEFFER

Silvester in Shanghai! Wir waren sicher: Das wird aufregend. Und mussten feststellen: war es nicht. Als wir kurz vor Mitternacht von der 87. Etage des 88-stöckigen Jin Mao Towers (bis 2008 das höchste Gebäude Chinas) den perfekten Blick auf die Stadt hatten, war die Aufregung schon schlafen gegangen. Kein Feuerwerk, keine Knallerei, keine Partystimmung – méi shénme (nichts). Wir wussten, dass die Chinesen ihr eigenes Neujahrsfest feiern, gingen aber davon aus, dass sie's auch an Silvester ordentlich krachen lassen. Pustekuchen. Wir haben noch nie so unspektakulär in ein neues Jahr reingefeiert wie dort. Ein Drink, anstoßen, sich als einzige Gäste in der Bar umarmen, fertig. Als wir später durch die Straßen fuhren, stand uns der Sinn nach etwas Süßem als Entschädigung für die enttäuschten Silvestererwartungen. An einem Eisstand wurden wir fündig – und hatten plötzlich doch noch unser Feuerwerk: Das Britzeln des Szechuanpfeffers, die Schärfe des Ingwers und die saure Süße der Orange sorgten für genau das, was man gemeinhin eine Geschmacksexplosion nennt – und selten war dieser Begriff treffender als hier. Unser Silvester war gerettet.

3 mittelgroße Orangen
1 daumengroßes Stück
   Ingwer
½ TL gemahlener Sze-
   chuanpfeffer
400 g Sojaquark (gekühlt)
80 g Rübenzucker
Abrieb von 1 kleinen
   Limette

1 Schäle und filetiere die Orangen. Fange dabei den Saft auf, püriere beides und fülle das Püree in eine Schüssel. (Wenn du keine Eismaschine hast, friere es mindestens 3 Stunden ein. Nimm am besten eine Eiswürfelform dafür, damit du später keinen harten Riesenklumpen händeln musst. Das klappt nicht. Verarbeite die Orangenmasse erst gefroren weiter.)

2 Schäle den Ingwer und reibe ihn in die Schüssel. Mische auch den Szechuanpfeffer unter die Orangen.

3 Rühre Sojaquark und Rübenzucker dazu und reibe die Schale der Limette zur Eismasse. Rühre gleichmäßig durch.

4 Nun gib alles in die Eismaschine und lass dein Eis fertigrühren. Wenn du keine Eismaschine hast: Gib das tiefgekühlte Obst zusammen mit allen anderen Zutaten in einen Mixer und mixe alles auf höchster Stufe (bzw. auf Eiswürfelstufe) cremig. Wenn du dein Eis so zubereitest, solltest du es sofort essen, da es nicht so fest ist wie Eis aus der Maschine und schnell schmilzt. Willst du es erst später servieren oder gerät es dir zu flüssig, friere es einfach ein. Wichtig ist hierbei aber, dass du regelmäßig umrührst, damit es nicht von außen nach innen steinhart gefriert. Wer sein Eis so zubereitet, wird es allerdings nicht so cremig hinkriegen wie Eis aus einer Eismaschine. Es wird immer Kristalle bilden.

SESAM-TANG-YUAN IN DRACHENBRUNNENTEE

Bereits vor unserer Reise haben wir uns in die warmen, klebrig weichen, süß gefüllten Tang Yuan verliebt und diverse Male versucht, sie nachzubauen. Auf der Suche nach dem besten Rezept sind wir auf verschiedene Zubereitungsarten gestoßen, die alle eins gemeinsam hatten: Es wurde immer ein Teig aus Klebreismehl hergestellt. Aus diesem wurden Kügelchen geformt, in die man entweder eine Mulde drücken sollte, um die Füllung hineinzugeben, oder die Kugeln wurden zu platten Kreisen ausgerollt und um die Füllung wieder verschlossen. Wir haben's probiert – und sind jedes Mal daran verzweifelt! Eine weiche Füllung in einen festen Teig zu rollen, ohne dass sie wieder herausquillt, ist quasi unmöglich. Vorschläge, die Füllung vorher zu gefrieren, halfen zwar, doch der Teig wurde nie so gleichmäßig dünn, wie wir ihn in Erinnerung hatten. Entweder riss er spätestens im Topf oder er war an der Stelle zu dick, an der man den Teig über der Füllung schließt. Wie auch immer – wir haben viel Klebreismehl verbraucht! In China haben wir uns dann durchgefragt und zu unserer Verwunderung erfahren, dass fast alle Chinesen die fertigen TK-Tang-Yuan aus dem Supermarkt kaufen – selbst in den Restaurants! Und ja: Die schmecken. Aber da dies ein Kochbuch ist, war ein Fertigprodukt für uns keine Option, und ist es auch nicht mehr, seit wir dem Geheimnis der perfekten Tang Yuan auf die Spur gekommen sind. Es ist sooo einfach! An dieser Stelle: Danke, Li! Eigentlich wollten wir die chinesische Studentin nur nach dem Weg fragen, dann kamen wir ins Gespräch. Als wir ihr von unserem Buch erzählten, verriet sie uns DEN Trick, der alles, was wir vorher über Tang Yuan zu wissen glaubten, änderte: Du brauchst keinen Teig! Denn perfekte Tang Yuan baut man nicht von außen nach innen, sondern von innen nach außen. So geht's:

200 g Klebreismehl

FÜR DIE FÜLLUNG
70 g schwarzer Sesam
2 EL schwarzes Sesammus
30 g Rübenzucker
25 g Kokosöl

AUSSERDEM
**Drachenbrunnentee
für 1 Kanne** (alternativ
anderer grüner Tee)

1 Röste den Sesam in einer Pfanne ohne Fett, bis er schön duftet. Pass aber auf, dass er nicht verbrennt und bitter wird; das sieht man bei den schwarzen Körnchen so schlecht.

2 Lass den Sesam kurz abkühlen und mahle ihn. Mische ihn dann mit dem Sesammus, Zucker und Kokosöl und stell die Masse kurz in den Tiefkühler. Wenn sie nach ein paar Minuten härter ist, rolle aus ihr kirschgroße Kugeln zwischen deinen Handflächen.

3 Leg die Kugeln auf einen Teller (so, dass sie sich nicht berühren) und stelle den Teller für 10–15 Minuten zurück in den Tiefkühler (oder für ½ Stunde in den Kühlschrank). Die Kälte sorgt dafür, dass das Kokosöl hart und die Kügelchen fest werden.

4 Bringe 1 l Wasser in einem Topf zum Kochen. Während es aufheizt, fülle einen Teil des Klebreismehls in eine Schale und stelle eine weitere Schale mit kaltem Wasser bereit. Nun nimm dir eine gekühlte Sesamkugel, tunke sie ganz kurz in das kalte Wasser und coate sie mit Klebreismehl, indem du sie durch kreisende Bewegungen der Schale im Mehl rollen lässt. Tunke sie wieder kurz in das kalte Wasser und rolle sie erneut im Mehl. Mache so lang weiter, bis sich eine dichte Schicht um die Füllung gebildet hat. Verfahre mit allen Sesamkügelchen so. Ganz wichtig: Wische nach jedem Tunken das klebrige Mehl von deinen Händen. Fasst du die Kugeln mit deinen eingekleisterten Händen an, wird die Schicht brüchig, und die Tang Yuan platzen später im Kochtopf auf.

So klappt's:

- ◦ Geschirrtuch in den Hosenbund stecken.
- ◦ Gerollte Sesamfüllung ins Wasser tunken, dann in die Mehlschüssel werfen und darin schwenkend rollen, bis sie gleichmäßig weiß ist.
- ◦ Finger, falls klebrig, am Tuch abwischen und die Kugel herausfischen, ohne mehr Mehl mit rauszutragen, als an ihr klebt.
- ◦ Kugel wieder ins Wasser tunken und ins Mehl zurückwerfen. Schwenkend rollen. Finger abwischen, Kugel rausfischen. Und so weiter.

5 Hast du alle Kugeln gerollt, erzeuge mit einem Löffel einen Strudel im Kochwasser, gib sofort die Bällchen hinein und rühre ganz vorsichtig weiter, damit sie nicht am Boden klebenbleiben. Nach kurzer Zeit ist ihre äußere Schicht weich, und sie pappen nicht mehr fest. Dann kannst du die Temperatur runterstellen, brauchst nur noch ab und zu vorsichtig zu rühren und kannst warten, bis sie gar an die Wasseroberfläche steigen.

6 Währenddessen brühe 1 Kanne grünen Tee auf und fülle ihn in Schälchen. Fische die fertigen Tang Yuan aus dem Topf und gib sie zum Servieren in den Tee.

GRUNDREZEPTE

BETRUNKENE PEPERONI

Die scharfen Schoten in Schnaps haben wir oft als Topping auf heißer Suppe gegessen. Statt Pfeffer und Salz stehen sie in vielen chinesischen Restaurants neben Sojasoße und Chilipaste als Grundwürze auf dem Tisch. Die Zubereitung macht zu zweit besonders viel Spaß, da man beim Befüllen des Schraubglases mit dem Hirseschnaps Kaoliang unbedingt einen kleinen Schluck auf die Freundschaft trinken sollte.

4 große rote Peperoni
2 Knoblauchzehen
½ daumengroßes Stück
  Ingwer
250 ml Hirseschnaps
  Kaoliang
4 TL klarer Reisessig
1 Spritzer helle Sojasoße

AUSSERDEM
1 Schraubglas (300 ml)

1 Schneide den Stielansatz von den Peperoni und die Schoten dann in dicke Ringe. Fülle diese in ein sauberes, möglichst ausgekochtes Schraubglas.

2 Schäle Knoblauch und Ingwer, zerdrücke die Zehen und schneide den Ingwer grob klein. Gib beides zu den Pfefferschoten.

3 Gieße das Glas mit Schnaps, Essig und Sojasoße auf und achte darauf, dass alle Zutaten von Flüssigkeit bedeckt sind. Gieße notfalls Schnaps nach.

4 Verschließe das Glas und lass die Peperoni mindestens 10 Tage stehen.

243

TRÜFFELREIS

Uns war nicht klar, dass Trüffel in China verwendet werden, aber wir aßen sie in Pilzsuppe, als Pie-Füllung und mehrfach in gebratenen Reis gehobelt. Im *The Veggie* gab's von Letzterem die beste Version. Jeremy, ein Kumpel von Sam, hatte uns in das Lokal mitgenommen, das zu den besten vegetarischen Adressen in Hongkong zählt – was man dem Laden nicht ansah. Es war ordentlich, keine Frage, aber *The Veggie* liegt in einem Shoppingcenter, wie bei uns Subway- oder Pizza-Hut-Filialen. Uns war schon oft aufgefallen, dass Innendesign und Einrichtungsästhetik nicht immer die erste Geige spielen. Als wir aber den ersten Bissen in den Mund steckten, spielten sie auch bei uns keine Rolle mehr.

1 Knoblauchzehe

1 Schalotte

2 Stangen chinesischen Sellerie (Du kannst auch normalen Stangensellerie benutzen. Nimm dann aber möglichst die inneren, zarten Stangen.)

10 Erbsenschoten (alternativ: 1 Handvoll TK-Erbsen)

200 g Reis

1 EL Bio-Alsan

½ Limette

schwarzer Pfeffer

Salz

4 g Trüffel (alternativ: Trüffelöl oder in Öl eingelegter Trüffel)

1 Schäle den Knoblauch, zerdrücke ihn mit dem Messerrücken. Schäle auch die Schalotte und hacke beides klein.

2 Putze den Sellerie und schneide ihn in dünne Scheibchen.

3 Pule die Erbsen und stelle sie zur Seite.

4 Koche den Reis nach Packungsangabe.

5 Sobald er fertig ist, erhitze Alsan in einer Pfanne und brate Knoblauch, Zwiebel und Sellerie auf mittlerer Stufe darin an. Gib dann den Reis dazu und brate ihn knusprig an. Gib zum Schluss die Erbsen hinzu.

6 Drücke die Limette darüber aus, würze mit Pfeffer und Salz und hoble den Trüffel in den Reis.

FÜNF+FÜNF-GEWÜRZE-MISCHUNG

Es gibt in China einen Klassiker unter den Würzmischungen – eine Kombination verschiedener pulverisierter Gewürze, die so oft in Gerichten vorkommt, dass sie als eigenständige Fertigmischung angeboten wird: Das Fünf-Gewürze-Pulver, auch Five Spice genannt. Es beinhaltet Sternanis, Szechuanpfeffer, Fenchel, Nelke und Zimtkassie und kommt in dieser traditionellen Zusammensetzung auch in unseren Rezepten vor (z.B. in der »Kraft der Kräuter«-Suppe oder beim Drachenkuchen). In einigen hipperen Großstadtläden auf unserer Reise haben wir aber festgestellt, dass häufig auch eine andere Fünf-Gewürze-Kombi benutzt wird: Die Fünf-Gewürze-Mischung Panch Phoron der indischen Küche, die neben der gemeinsamen Zutat Fenchel jedoch Kreuz- und Schwarzkümmel, Senfsaat und Bockshornklee enthält. In Hongkong dann hat's einer sogar kombiniert: Fang, ein junger Koch aus einem Deli, das auch in London oder Berlin hätte sein können, bereitete unfassbar lecker gefüllte Sesamblätter (die man bei uns leider nicht kaufen kann) mit dieser Würzmischung zu – für uns eine echte Neuentdeckung der chinesischen Küche. Deshalb haben wir dir hier das Rezept der doppelten Fünf-Gewürze-Mischung aufgeschrieben.

5 EL Fünf-Gewürze-Pulver
(kriegst du als »Five Spice« im Asiamarkt)
5 EL Fenchelsaat
5 EL Kreuzkümmel
5 EL Schwarzkümmel
5 EL Senfsaat
5 EL Bockshornkleesamen

AUSSERDEM
1 Schraubglas (360 g)

1 Fülle das Pulver und die Samen im Ganzen in ein sauberes Schraubglas, schüttele alles gut durch und bewahre die Mischung an einem dunklen Ort auf.

2 Mörsre sie erst, wenn du sie für ein Rezept verwendest, sonst geht das Aroma verloren. Wenn du die Mischung dann noch kurz anröstest, verleihst du den Gewürzen ein intensiveres Aroma.

Bestimmte Öle und Pasten kamen immer wieder in den Rezepten vor, die wir für dieses Buch sammelten. Es gibt sie alle auch fertig zu kaufen, und wenn es mal schnell gehen muss, ist das total okay. Da sie meist aber E-Stoffe enthalten, lohnt sich der Aufwand des Selbermachens – zumal ein Chiliöl voller Chilis auch viel schöner aussieht (und sich sogar als scharfes Geschenk eignet) als ein pures Öl mit rotem Farbstoff. Hier die vier Grundrezepte für Pasten und Öle, die du für die Gerichte in diesem Buch benötigst.

SZECHUANÖL

1 TL Kreuzkümmelsaat

10–12 getrocknete Chilis

20 g Szechuanpfefferkörner

3 Knoblauchzehen

½ daumengroßes Stück
Ingwer

1 kleine Schalotte

2 frische Chilis

30 g fermentierte schwarze
Bohnen

250 g Pflanzenöl
(z.B. Raps- oder Sonnen-
blumenöl)

20 g geröstetes Sesamöl

AUSSERDEM

1 luftdicht verschließbare
Flasche (300 ml)

1 Zerstoße den Kreuzkümmel, die getrockneten Chilis und den Szechuanpfeffer im Mörser und röste alles in einer Pfanne ohne Öl langsam an. Fülle alles in eine saubere, möglichst ausgekochte Flasche. Nimm gegebenenfalls einen Trichter zu Hilfe.

2 Schäle den Knoblauch, den Ingwer und die Schalotte und zerkleinre alles zusammen mit den frischen Chilis und den fermentierten Bohnen grob – am besten in einem Blitzhacker.

3 Erwärme das Pflanzenöl auf mittlerer Stufe und brutzle die Knoblauch-Bohnen-Mischung darin an, bis der Knoblauch goldig ist. Nicht zu heiß werden lassen, sonst frittierst du die Gewürze!

4 Nun gieße das Öl durch ein Sieb und dann – am besten wieder mithilfe des Trichters – in die Flasche zu den gerösteten Gewürzen. Schütte das Sesamöl dazu, verschließe das Gefäß und drehe es in den nächsten Tagen immer mal wieder auf den Kopf. Nach 3–4 Tagen ist das Öl bereits gut aromatisiert. Es hält sich mehrere Monate.

CHILIÖL

250 g Erdnussöl
6 sehr scharfe, kleine,
 frische Chilis
10 getrocknete Szechuan-
 chilis
1 Sternanis
1 Zimtstange
1 Prise Rübenzucker
15 g geröstetes Sesamöl

AUSSERDEM

1 luftdicht verschließbare
 Flasche [300 ml]

1 Erhitze das Erdnussöl in einem Topf auf mittlerer Stufe. Lass es nicht zu heiß werden.

2 Schneide die Stielansätze von den frischen Chilis und hacke sie zusammen mit den getrockneten Chilis.

3 Gib die Chilis zusammen mit dem Sternanis und der Zimtstange ins Öl und röste alles darin an. Pass aber auf, dass das Öl nicht zu heiß wird, sonst frittierst du die Zutaten! Drehe gegebenenfalls die Hitze herunter. Lass alles ein paar Minuten ziehen.

4 Jetzt gib den Zucker und das Sesamöl dazu und schütte alles in eine saubere, möglichst ausgekochte Flasche (wenn du eine schmale Flasche benutzt, geht es einfacher, wenn du einen Trichter zu Hilfe nimmst). Verschließe sie gut und drehe sie in den nächsten Tagen immer mal auf den Kopf, damit sich der Inhalt gut vermischt. Nach 3-4 Tagen ist das Öl bereits gut aromatisiert. Es hält sich mehrere Monate.

CHILI-BOHNEN-PASTE

25 g getrocknete Chilis
100 g fermentierte
   schwarze Bohnen
½ TL Zucker
1 Prise Salz
1–2 TL Limettensaft
150 g Erdnussöl

AUSSERDEM

1 Schraubglas (300 ml)

1 Mörsre die Chilis und röste sie langsam ohne Fett in einer Pfanne an. Stell die Hitze nicht zu hoch und öffne am besten das Fenster – die frei werdenden Dämpfe können so beißend sein, dass sie dir sonst die Luft nehmen und in den Augen brennen.

2 Zerquetsche die schwarzen Bohnen und röste sie auch kurz an.

3 Mische die Chilis mit den Bohnen, Zucker, Salz und Limettensaft, gib alles in ein kleines Schraubglas oder anderes verschließbares Gefäß und gieße das Öl dazu. Mische alles noch mal gut durch und stelle die Paste in den Kühlschrank. Hier hält sie sich mehrere Wochen.

SCHWARZE-BOHNEN-PASTE

1 Knoblauchzehe
1 EL Chiliöl
140 g fermentierte
   schwarze Bohnen
150 g Erdnussöl
¼ TL Zucker
1 Prise Salz
1 TL Limettensaft

AUSSERDEM

1 Schraubglas (300 ml)

1 Schäle, zerdrücke und hacke den Knoblauch ganz klein.

2 Röste ihn in Chiliöl an und gib die schwarzen Bohnen dazu. Zerdrücke sie grob mit dem Kochlöffel in der Pfanne, gieße dann das Erdnussöl auf und gib die restlichen Zutaten hinzu.

3 Rühre noch mal um und fülle die Mischung in ein kleines Schraubglas oder anderes verschließbares Gefäß. Im Kühlschrank hält sich die Paste ein paar Wochen.

GEMÜSEBRÜHE

Die Grundlage für eine gute Suppe ist immer eine gute Brühe. Sie benötigt zwar etwas Zeit, geschmacklich lohnt der Aufwand aber – und gesund ist es außerdem. In Zeiten, in denen Großstädter Knochenbrühe zum Trend erklären, zu Hause aber mit Instant-Brühpulver kochen, ist eine simple, handgemachte Gemüsebrühe ein guter Anfang für etwas Selbstgekochtes. Es gibt unzählige Grundrezepte, die von Region zu Region variieren. Experimentiere gern nach deinem Geschmack! In China werden Suppen und Brühen sehr geschätzt und zu jedem Essen (bzw. eigentlich danach) geschlürft. Sie sollen Flüssigkeit liefern und salziges Essen neutralisieren. Wenn du Platz im Gefrierfach hast, bereite eine größere Menge Brühe vor, friere sie am besten schon portioniert ein und taue die benötigte Menge dann einfach bei Bedarf auf. So kochst du einmal für mehrere Tage.

1 Bund Suppengrün
½ weißer Rettich
  (z.B. Daikon)
2 Frühlingszwiebeln
150 g Mungbohnen-
  sprossen
3 Knoblauchzehen
1 große Zwiebel
1 daumengroßes Stück
  Ingwer
1 TL Bockshornkleesamen
2 EL Bratöl
5 mittelgroße getrocknete
  Shiitake
100 ml Shaoxing-Reiswein
20 g Kombu

1 Wasche Suppengrün, Rettich, Frühlingszwiebeln und Sprossen und schneide (bis auf die Sprossen) alles grob klein.

2 Schäle den Knoblauch, die Zwiebel und den Ingwer, zerhacke alles grob und röste die Mischung zusammen mit dem Bockshornklee in einem großen Topf in heißem Öl an.

3 Wirf das geschnittene Gemüse dazu und brate es 2–3 Minuten mit an. Dann kannst du die Sprossen und die getrockneten Pilze dazugeben und alles mit dem Reiswein ablöschen.

4 Gieße 2,3 l Wasser auf und leg den Kombu in die Brühe. Lass alles auf niedriger Stufe und ohne Deckel etwa 1 ½ Stunden vor sich hin köcheln.

5 Gieße den Topfinhalt durch ein engmaschiges Sieb ab und fange die Brühe auf. Du kannst sie direkt weiterverwenden oder (abgekühlt) für später aufheben/einfrieren.

ALGENBRÜHE

Diese Brühe ist mehr japanisch als chinesisch, immerhin enthält sie Sake und Mirin. Ihr Erfinder ist aber eben auch kein traditioneller Chinese, sondern ein echter Kosmopolit. Starry, ein junger Koch, den wir in Peking kennenlernten, hat sich mit seinen 25 Jahren bereits durch die halbe Welt gekocht. Er stand in Australien, London und Kanada hinterm Herd, jobbt als Foodstylist und versucht, bei all seinen Kreationen das Traditionelle mit dem Modernen zu verbinden. Yin und Yang eben – ganz im Sinne dieses Buches.

45 g Kombu
20 g getrocknete Shiitake
2 EL Sake (gibt's im Asiashop)
1 EL Mirin (gibt's im Asiashop)
2 EL helle Sojasoße
Salz

1 Wasche die Kombu-Algen und weiche sie etwa 4 Stunden in einem Topf mit 2 l kaltem Wasser ein.

2 Stelle den Topf auf den Herd, erhitze die Flüssigkeit auf etwa 60 Grad und lass sie 40 Minuten garen. Hier hilft ein Kochthermometer. Wenn du keins hast, lass die Brühe einfach auf niedriger Stufe heiß und ganz sanft perlend ziehen.

3 Nimm den Kombu heraus, gib die getrockneten Shiitake ins Wasser und lass alles weitere 40 Minuten garen.

4 Gieße die Brühe nun durch ein feines Sieb und mische Sake, Mirin, helle Sojasoße und Salz nach Geschmack dazu. Nun kannst du die Brühe weiterverarbeiten (z.B. beim gebackenen Reis im Topf; Seite 163) oder sie für später einfrieren.

PILZSOSSE

Pilzsoße ist eine echte Wunderwaffe gegen flachen, faden Geschmack – vor allem für vegane Gerichte. Denn ins Essen gerührt, erzeugt sie eine Würze, die sonst nur fleischige Zutaten erreichen: tief, herzhaft, rund. Mittlerweile gibt es auch in unserem Sprachgebrauch einen Begriff dafür: umami, der fünfte Geschmack. Das Wort kommt aus dem Japanischen und wird in China mit xian übersetzt. Selbstverständlich gibt es Pilzsoße auch fertig zu kaufen. Drin ist aber nicht nur mehr Zucker als nötig (plus zusätzlichem Glukosesirup), sondern auch diverse E-Stoffe: Geschmacksverstärker, Farbstoff und der Konservierungsstoff Natriumbenzoat, der in Verdacht steht, ADHS auszulösen. Selber machen lohnt sich also.

400 g gemischte asiatische Pilze [z.B. Shimeji, Austernseitlinge, Enoki, Shiitake]
10 g getrocknete Shiitake
4 TL helle Sojasoße
1 Schuss dunkle Sojasoße
½ TL Rübenzucker
1 Schuss Dumplingessig
1 gehäufter EL Maisstärke
Salz

AUSSERDEM

1 kleine, luftdicht verschließbare Flasche [250 ml]

1 Putze die Pilze und lass sie zusammen mit den getrockneten Shiitake in 700 ml Wasser aufkochen. Drehe dann die Hitze runter und lass alles mindestens 2 Stunden mit geschlossenem Deckel auf niedriger Stufe vor sich hinköcheln. Schaue zwischendurch mal nach, ob noch genug Wasser im Topf ist. Am Ende sollten etwa 250 ml Flüssigkeit übrig bleiben. Gieße gegebenenfalls ein wenig Wasser nach.

2 Fang die Flüssigkeit nun durch ein Sieb auf und würze sie mit Sojasoße, Zucker und Essig. Lass sie abkühlen.

3 Nimm etwa ein Drittel der Soße ab und quirle die Maisstärke hinein. Lass den Rest der Flüssigkeit im Topf wieder aufkochen und gieße dann langsam und unter Rühren die Stärkemischung in den Topf. Rühre, bis alles eindickt.

4 Schmecke bei Bedarf mit etwas Salz ab und fülle die Pilzsoße in eine kleine, saubere Flasche. Sie hält sich im Kühlschrank locker 2 Wochen.

FERMENTIERTES GEMÜSE

Es ist ein Irrglaube, dass frische Lebensmittel die besten sind. Den Beweis dafür haben die Chinesen bereits vor Tausenden von Jahren erbracht: mit fermentiertem Gemüse, das auch in Deutschland immer beliebter wird. Aus gutem Grund: Vitamine und Nährstoffe bleiben erhalten, es stärkt nachweislich das Immunsystem, und die entstandenen Milchsäurebakterien sind gut für den Darm – und damit auch für den gesamten Rest des Körpers. Wer sich also mal etwas Gutes tun will, dem sei dieses Rezept wärmstens ans Herz gelegt. Ach so: Und schmecken tut es natürlich auch!

½ Möhre
1 Pak Choi
1 Handvoll Choi Sum
10 cm Gurke
1 rote Peperoni
1 kleine Chili
1 Selleriestange
¼ Kohlrabiknolle
4 Knoblauchzehen
1 daumengroßes Stück
  Ingwer

FÜR DIE LAKE

1 ½ TL Salz
1 EL Rübenzucker
1 EL Senfkörner
1 EL Koriandersaat
2 Sternanis
3 Lorbeerblätter
1 Zimtstange
700 ml klarer Reisessig

AUSSERDEM

1 Einmachglas (1 l)

1 Lass alle Zutaten für die Lake mit 250 ml Wasser kurz einköcheln und dann abkühlen.

2 Wasche währenddessen das Gemüse und entferne bei der Gurke und der Peperoni die Kerne. Schneide dann alles nach Lust und Laune in kleine Stücke und Scheiben.

3 Erhitze Wasser in einem großen Topf und stelle eine Schüssel mit Eiswasser parat. Dann blanchiere das Gemüse etwa 1 Minute in dem kochenden Wasser, lass es abtropfen und gib es sofort ins Eiswasser. Warte 1 Minute und gieße das Wasser durch ein Sieb ab. Lass die Gemüsestücke auf Küchenpapier trocknen.

4 Nun gib alles in ein großes Einweckglas und gieße die Lake darüber, bis das Gemüse vollständig bedeckt ist. Gib notfalls einen Beschwerer (vorher abkochen) darauf, verschließe das Glas und lass es etwa 1 Woche lang stehen. Dann kannst du es essen oder für andere Rezepte weiterverwenden.

KIMCHINA

Ob am Morgen, mittags, abends, ob an einem Imbiss oder im High-Class-Restaurant – zu nahezu jedem Essen konnte man in China Kimchi bestellen. Komisch, denn den fermentierten Kohl hatten wir bisher vor allem mit Korea in Verbindung gebracht. Der Chefkoch des tollen vegetarischen Restaurants *Blossom Vegetarian* in Peking klärte uns über den Grund für den hohen Kimchi-Konsum in seinem Land auf: »In China wird fast alles erhitzt, das zerstört die Enzyme. Kimchi ist daher die perfekte Ergänzung zu jedem Essen. Er wird übrigens nicht nur aus Kohl zubereitet, man kann jedes Gemüse fermentieren. Das ist sehr gesund.« Klingt einleuchtend. Und zu guter Letzt liegen auch die Ursprünge des koreanischen Nationalgerichts, genau, in China. Unsere Umbenennung des Gerichts in Kimchina ist daher der einzig logische Schritt.

1 Chinakohl
50 g grobes Meersalz
1 Blatt Kombu (ca. 8 g)
1 EL Reismehl
½ fester, saurer Apfel
    (z. B. Jazz)
30 g Szechuanchilis
½ Kohlrabi
3 Knoblauchzehen
1 daumengroßes Stück
    Ingwer
2 EL helle Sojasoße
3 Frühlingszwiebeln
1 runder schwarzer Rettich
Salz

AUSSERDEM
1 Einmachglas (1 l)

1 Schneide den Chinakohl in mundgerechte Stücke. Das klappt prima, wenn du den Kohlkopf erst halbierst, die Hälften mit der Schnittfläche nach unten in dicke Scheiben und diese dann klein schneidest. Wasche ihn nun in einem Sieb und lass ihn abtropfen. Ab damit in eine Schüssel, Meersalz drüber, gut durchmischen und mindestens 2 Stunden stehen lassen. Rühr immer mal um.

2 Danach sollte der Kohl die Hälfte seines Volumens verloren haben. Gib ihn wieder ins Sieb, wasche das Salz ab, lass ihn erneut abtropfen und stelle ihn beiseite.

3 Bringe 200 ml Wasser zum Kochen, gib den Kombu hinein und lass ihn darin 10 Minuten köcheln. Nimm ihn anschließend raus, rühre das Reismehl ins Wasser, lass es kurz aufkochen und dann unter ständigem Rühren köcheln, bis es etwas eindickt. Nimm den Topf zum Abkühlen vom Herd.

4 Schäle und putze Obst und Gemüse. Gib die Chilis, den Apfel, den Knoblauch, den Ingwer und die Sojasoße in einen Mixer. Kippe das Reismehlwasser dazu und püriere alles fein.

5 Schneide die Frühlingszwiebeln in Ringe und Kohlrabi und Rettich in Juliennes.

6 Vermenge jetzt alles mit dem Kohl und gib das Kimchina in ein ausgekochtes Einmachglas. Drücke die Masse immer wieder mit einem Löffel zusammen. Achte darauf, dass am Ende alles mit der austretenden Flüssigkeit bedeckt ist. Mische ¼ TL Salz mit ein paar EL Wasser und gib es obendrauf.

7 Verschließe das Glas und lass dein Kimchina bei Zimmertemperatur 2 Tage fermentieren (wenn das Glas sehr voll ist, öffne nach dem ersten Tag mal kurz den Deckel, um den Druck abzulassen). Tadaa: fertig! Wenn du nicht alles auf einmal aufisst, verstaue das Glas ab jetzt im Kühlschrank. Da hält sich das Kimchina locker 2 Monate.

REZEPTREGISTER

ZUTATENREGISTER

DANKE

Dieses Buch hat uns sehr gefordert, hat uns viel mehr Zeit, Geld und Nerven gekostet, als wir je zu glauben gewagt hätten. Als Schnapsidee entsponnen, haben wir es innerhalb eines Jahres vom ersten aufkeimenden Gedanken bis zur Veröffentlichung umgesetzt, sind wochenlang durch China gereist, haben kistenweise Geschirr und Requisiten gekauft und gebaut – und die Waren ganzer Asialäden verkocht. Wir haben an den Abenden nach unseren Jobs nächtelang in einer Fünf-Quadratmeter-Küche und unzählige Wochenenden vor dem Laptop verbracht. Was als Idee pillepalle klang, war (so nebenbei) der aufwändigste Zweitjob der Welt. Aber all das hat sich gelohnt und wäre ohne ein paar besondere Menschen nicht möglich gewesen.

Daher ein dickes Danke unseren Familien und all unseren Freunden – dafür, dass ihr uns im letzten Jahr kaum zu Gesicht bekommen habt und uns trotzdem noch wiedererkennt. Ihr habt unser gestresstes Gejammer ertragen und uns immer wieder ermutigt und motiviert.

Danke an all die Menschen, die wir auf unserem Roadtrip durch China getroffen haben und die die Reise, und damit auch das Buch, zu dem gemacht haben, was es ist.

Danke an das gesamte Umschau-Team. Ja, ihr habt an uns geglaubt, sonst würden wir jetzt nicht bei euch erscheinen, aber viel mehr müssen wir euch an dieser Stelle für etwas Anderes danken: Die Arbeit mit euch hat wirklich Spaß gemacht. Entgegen dem, was andere Autoren uns vorher von anderen Verlagen erzählt haben, habt ihr uns immer freie Hand bei der Umsetzung unserer Ideen, der Gestaltung und der Fotosprache gelassen. Ihr habt all unsere Anmerkungen ernst genommen, uns komplett mitsprechen und entscheiden lassen, ihr hattet immer ein offenes Ohr. Wir haben uns sehr aufgehoben gefühlt bei euch.

Danke an Shaohuan Wolf von Tangs Kantine für den Fisch ohne Flossen.

Danke Schlumpi für's Faxenmachen, Ablenken, deine Liebe und den Umstand, dass du uns zu schrulligen Menschen machst, die dich hier erwähnen. Und das, obwohl du nicht mal Deutsch und das hier lesen kannst!

Und zu guter Letzt: Meike! Du bist einfach der allerbeste Kollege, den man sich für so ein Projekt nur wünschen kann. Danke für deine Zeit und Flexibilität; danke für diese wunderbaren Fotos, für all deine Ideen, die du mit eingebracht hast, und deine Neugierde auf dieses Buch. Du hast dich total von uns anstecken lassen, hast Requisiten mitgesammelt, uns dein Studio tagelang zum Testkochen zur Verfügung gestellt und alles gekostet, was wir dir aufgetischt haben. Dies hier ist eine riesige Umarmung. Danke für deine Freundschaft!

IMPRESSUM

© 2017 Neuer Umschau Buchverlag GmbH, Neustadt an der Weinstraße

Alle Rechte der Verbreitung in deutscher Sprache, auch durch Film, Funk, Fernsehen, fotomechanische Wiedergabe, Tonträger jeder Art, auszugsweisen Nachdruck oder Einspeicherung und Rückgewinnung in Datenverarbeitungsanlagen aller Art, sind vorbehalten.

Text und Fotografie
Caroline Franke, Daniel Schieferdecker

Foodfotografie
Meike Bergmann

Foodstyling/Setstyling
Caroline Franke

Vor- und Nachsatz
Artwork: Silke Spingies, Foto: Meike Bergmann

Umschlaggestaltung
Caroline Franke, Daniel Schieferdecker, Meike Bergmann

Layout und Satz
Wagner Rexin, Stutensee

Druck
Nino, Neustadt an der Weinstraße

Printed in Germany
ISBN 978-3-86528-840-0

Besuchen Sie uns im Internet
www.umschau-buchverlag.de

阿勒泰　乌鲁木齐　额敏　克拉玛依　新源　拜城　温宿　喀什　莎车　阿克苏　奇台　巴里坤

兵团火箭农　肃州　陶家宫　达来呼布　金塔　西宁　武威

花土沟　且末　托格拉克　库勒克　夏曲　古达　桥头　恰卜恰　香达　城关　丁青

南木林　拉萨　乃琼　嘎拉　东嘎　娘热　甲措雄　狮泉河　那曲　比如　泽当　当汲　夏河　结古　郭勒木德　银达　渊泉　孜托

下关　腾　勐卯　勐龙